跟着课本学历史

彭勇 / 著

宋元兴衰

天地出版社 TIANDI PRESS

目录

第一章

宋的兴盛与隐患

- **01** 北宋的建立　　　　　　　　　　／002
- **02** 杯酒释兵权　　　　　　　　　　／009
- **03** 北宋永远的痛：幽云十六州　　　／016
- **04** 北宋的中央集权举措　　　　　　／023
- **05** 重文轻武的基本国策　　　　　　／030
- **06** 北宋的科举制度　　　　　　　　／037
- **07** 澶渊之盟　　　　　　　　　　　／045
- **08** 王安石变法　　　　　　　　　　／052
- ◎ 单元总结　　　　　　　　　　　　／060

第二章

多国对峙与南宋偏安

01 契丹的崛起与辽国的建立	/ 066
02 女真族的崛起与金国的建立	/ 072
03 党项人与西夏政权	/ 078
04 北宋的灭亡	/ 085
05 南宋的建立与偏安	/ 092
06 抗金英雄岳飞	/ 099
07 一代天骄成吉思汗	/ 106
08 元朝的建立	/ 112
09 金与南宋的灭亡	/ 118
◎ 单元总结	/ 124

第三章

灿烂的宋元文明

01 宋词　　　　　　　　　　　　/ 130
02 元曲　　　　　　　　　　　　/ 138
03 司马光与《资治通鉴》　　　　/ 144
04 宋元的书法与绘画　　　　　　/ 150
05 宋元时期的创造发明与中外交通 / 160
◎ 单元总结　　　　　　　　　　/ 174

重文轻武，积贫积弱，在强敌环伺中艰难生存

第一章

北宋的兴盛与隐患

01
北宋的建立

> 赵匡胤在位16年，基本统一了南方，为统一全国打下了坚实的基础，同时强化了中央集权，彻底消弭了中唐以来造成地方割据的动乱因素。

赵匡胤

960年，宋太祖赵匡胤建立宋朝，史称北宋，以与后来的南宋区分。北宋是中国历史历经五代十国之乱后，再次建立的统一王朝。北宋是中国历史上经济、文化最为繁荣的时代之一，但也是较为羸弱的统一王朝。在它的北方地区，先后出现了辽、西夏、金等政权，在与这些政权的战争中，北宋长期处于不利地位，直至最后，北宋被金国所灭。

陈桥兵变

宋太祖赵匡胤祖籍河北涿郡（今河北涿州），出生于洛阳的夹马营。父亲赵弘殷出身行伍，在后唐时，因曾救援后唐庄宗李存勖（xù）有功，被任命为禁军将领。后汉时，赵匡胤随父亲一起投奔枢密使郭威，后来郭威建立后周政权，赵匡胤成为后周禁军的将领。郭威死后，后周世宗柴荣即位，赵匡胤追随柴荣，在征伐北汉、南唐的战争中，战功卓著。柴荣是一代雄主，原本有望统一天下，可惜他只活了38岁，临终前，他把赵匡胤升任为殿前都点检，这是禁军的最高统帅。柴荣死后，他7岁的儿子柴宗训即位，是为周恭帝，此时禁军的统帅权掌握在赵匡胤手中。五代十国以来，禁军作为中央政权直接统领的军队，规模庞大，战斗力强，谁掌握了禁军，基本上离皇帝的宝座也就只有一步之遥，赵匡胤也不例外。后周显德七年（960年）正月初一，北方前线传来消息，说是契丹联合

知识拓展

"流氓皇帝"赵匡胤

宋太祖赵匡胤年轻时喜欢打架斗殴、好赌博。他赌博，输了不给钱，赢了必要。当了皇帝后，他也没改掉这股流氓气。有一次，赵匡胤的步辇在御街上走着，一支利箭突然直奔赵匡胤而来，不过箭射偏了，士兵大惊。这时，赵匡胤从步辇中探出身子，指着胸膛说："来射！来射！"又笑着说，"射死我，这皇位也轮不到你！"

 知识拓展

杜太后的故事

宋太祖赵匡胤的母亲杜氏，人称"四娘子"，颇有见识。赵匡胤黄袍加身后，有人飞奔而来将消息报告给杜老夫人："点检已做天子！"杜氏听了，很镇定地对来人说："我儿一向志存高远，现在终于实现了。"赵匡胤称帝，杜氏成了杜太后，人们向她祝贺，杜氏却皱起眉头，面有忧愁，对身边侍从们说："我听说做天子很不容易，国家治理得好，天子才能享有这个位子带来的尊荣；可一旦治理不好，甚至出了乱子，想再做回普通百姓，恐怕都难了。"

北汉率军来犯。根据历史记载，这场所谓的来犯是不是真的，值得商榷，但听闻大军逼近的消息，后周朝廷上下还是慌作一团。宰相范质一时间也搞不清楚前线的具体情况，在与太后商量后，决定派遣赵匡胤率禁军北上御敌。赵匡胤推辞说兵力不够，范质只好下令授予赵匡胤最高军事指挥权，可以调动全国所有的兵马。

正月初三，赵匡胤率领大军从京城开封出发北上，大军刚刚走到离京城不远的陈桥驿时，兵变发生了。各种证据表明，这场兵变是赵匡胤及其手下蓄谋已久的。大军刚刚离开京城时，京城内就传出谣言，说什么"出军之日，当立点检为天子"。这个谣言显然是赵匡胤授意手下散布的，这并不是他第一次散布类似的谣言。后周世宗在世的时候，赵匡胤也曾让人散布这样的谣言，原禁军统帅张永德因此被免去殿前都点检的职位，由赵匡胤取而代之。而今故技重施，既造成了朝廷的混乱，又使得禁军的将士们只能死心塌地地跟着他。

兵变计划在赵匡胤的安排下有条不紊地进行着。大军在陈桥驿停顿时，

赵匡胤手下的亲信们在军营中散布言论："现在皇帝年幼，不能亲政，我们这些人为国效力，即便是破敌成功了，谁又知道我们的功劳呢？不如我们拥立赵匡胤为皇帝，然后再出发北征，这样我们的功劳也不会被埋没。"士兵们在这种言论的鼓动下，群情激奋，纷纷表示要拥立赵匡胤做皇帝。在五代十国时期，军人通过政变登上皇位是屡见不鲜的事情；士兵们为了升官发财，也乐于接受，赵匡胤正是利用了这一心理。眼看士兵们都被煽动了起来，赵匡胤的弟弟赵匡义和亲信赵普，授意士兵拿出了事先准备好的黄袍，一起闯进了赵匡胤的帐中。

此时赵匡胤正假装酒醉，躺在榻上，士兵们拿着黄袍就披在了赵匡胤的身上，然后纷纷跪下，大呼万岁，拥立赵匡胤为皇帝。赵匡胤起身假意推辞，装出一副被胁迫的样子。众士兵一看赵匡胤"不愿"当皇帝，顿时痛哭失声，不停磕头。"无奈"之下，赵匡胤露出一副勉为其难的样子，对士兵们说："你们贪图富贵，拥立我做皇帝。你们如果听从我的命令，我为了你们可以当这个皇帝。如果你们不听从我的命令，那么我不能当这个皇帝。"众人纷纷表示"唯命是从"。黄袍加身的赵匡胤当即宣布："现在就班师回京。回到开封后，不得惊犯太后和小皇帝，不得欺凌王公大臣，不能劫掠府库和老百姓家私。服从命令的重重有赏，违令者杀头。"

🔰 宋的建立与统一

赵匡胤当上皇帝的过程，可以说是兵不血刃。班师回朝的赵匡胤几乎没有遇到什么抵抗，留守开封的禁军将领是他的结拜弟兄石守信和王审琦，这两人在得知陈桥兵变的消息后，就打开了开封城的城门，接应赵匡胤的大军入城。只有侍卫亲军马步军副都指挥使韩通在仓促间，想率兵抵抗，军队还没召集起来，就被手下的军校王彦升杀死。赵匡胤不费吹灰之力就控制了开封城。宰相范质这才明白过来，所谓敌军来犯根本就是赵匡胤精心布置的一场骗局，但此时他已经无能为力了，只得率领百官前去迎接赵匡胤。

翰林学士陶谷拿出一篇事先已经准备好的禅位诏书，宣布柴宗训禅位于赵匡胤。正月初四，赵匡胤在开封城登基称帝，时年34岁。因为赵匡胤在后周任归德军节度使时的藩镇所在地是宋州（今河南商丘），所以定国号为"宋"，定都开封（又称东京、汴梁、汴州，后文使用另外的名称不再说明），史称北宋。

当上了皇帝，并不是就可以高枕无忧了。虽然反对者发动的几次局部叛乱，很快就被平定了，但是放眼四周，与北宋并立的地方割据政权有很多：北方，契丹和北汉是强敌；南方，长江中游地区的荆南和湖南控制在武平军节度使周行逢的手中（也称武平政权）；南面还有刘鋹的南汉政权；西面有孟昶的后蜀政权；江南地区是南唐李煜政权，以及吴越国钱氏政权。面对如此局面，宋太祖赵匡胤曾说："我实在是睡不着觉啊，因为我的卧床之外都是别人的地盘，怎能容忍？（卧榻之侧，岂容他人鼾睡？）"为此，宰相赵普给他制定了"先南后北、先易后难"的战争策略。

这个策略是高明的。"先南后北"，是因为北方的北汉和契丹实力雄厚，一时难以击败，而南方的割据政权实力相对较弱；而"先易后难"的策略，则把统一全国的第一步放在了"荆湖之地"，占据荆湖的周行逢实力最弱，且战略位置极为重要，东临南唐、西接后蜀、南靠南汉。在经过了2年的准备后，趁着周行逢病死，11岁继位的周保权根基不牢的时机，赵匡胤发动了荆湖之战，一举夺下了这个交通要道，随后又发动了灭后蜀的战争。

后蜀政权是五代十国时期，由孟知祥在四川建立的地方割据政权，北宋建立时，后蜀皇帝是孟知祥的儿子孟昶。关于孟昶其人，史书上的记载有些自相矛盾，有说他勤于政事的，也有说他荒淫奢靡的，不管怎样，这个人注定成为赵匡胤统一天下的注解。孟昶在得知北宋军队进攻后蜀时，并不在意，他认为凭借"蜀道之难""剑阁之险",北宋的军队打不进来。谁知事与愿违,后蜀军队节节败退,北宋大军兵临成都,无奈之下,孟昶只好投降。据说,孟昶有个妃子别号花蕊夫人,赵匡胤曾让这位妃子作诗一首,描述北宋灭后蜀之战,花蕊夫人即兴作词:"君王城上竖降旗,妾在深宫那得知。十四万人齐解甲,更无一个是男儿。"

灭掉后蜀政权后,赵匡胤挥师南下,平定了南汉。南汉也是五代十国政权之一,由唐末静海军节度使刘隐创建,包括现在的广东、广西和海南等地区。北宋建立后,南汉的皇帝刘鋹拒绝归附,赵匡胤派遣大将潘美率领10万大军南下攻打,刘鋹使用大象列阵作战,但大象没能敌过强弓劲弩,南汉军队大败,刘鋹投降,南汉政权覆灭,北宋统一了岭南之地。

南唐后主李煜自知不是对手,在北宋灭掉南汉之后,主动向赵匡胤称臣,但这样的臣服并不是赵匡胤所要的,他要的是江南之地。宋开宝七年(974年),北宋大将曹彬率军10万讨伐南唐,开宝八年(975年)李煜投降,南唐覆灭。李煜是一位出色的词人,作

知识拓展

李煜:天子词人

李煜(937—978),南唐末代君主,世称李后主。975年南唐国亡,李煜被押送开封;978年,李煜去世,传说是被宋太宗所杀。李煜皇帝做得不好,但是书画水平很高、词学成就一流。王国维评价他:"词至李后主而眼界始大,感慨遂深,遂变伶工之词而为士大夫之词。"词学创作到了李煜这里,才脱离歌词的范畴,成为真正意义上的文学。

为亡国之君，又是阶下囚，他对自己人生的感叹，或许只有他这首"春花秋月何时了，往事知多少？小楼昨夜又东风，故国不堪回首月明中！雕栏玉砌应犹在，只是朱颜改。问君能有几多愁？恰似一江春水向东流。"能表达一二吧。

至此，赵普制定的"先南后北、先易后难"策略中的"南"和"易"算是完成了。然而，历史留给宋太祖赵匡胤的时间也不多了，开宝九年（976 年），宋太祖赵匡胤在宫中突然去世，时年 50 岁。

北宋 赵匡胤（960 年建立）

武平 周保权	后蜀 孟昶	南汉 刘鋹	南唐 李煜	吴越 钱俶	福建 陈洪进	北汉 刘继元
963 年灭	965 年灭	970 年灭	975 年灭	978 年降	978 年降	979 年灭

979 年，宋收复幽云十六州之战大败，统一战争止步于此

北宋的统一战争进程

02 杯酒释兵权

> 喝了这杯酒，兄弟们就可以放下兵权，告老还乡了！

赵匡胤

通过兵变建立北宋之后，宋太祖赵匡胤心中一直是不安稳的。因为他深知，自己之所以能取代后周政权，是因为掌握了兵权，手下将领为了荣华富贵，拥立自己当皇帝。这样的事情，以后可能还会发生。怎样才能让它不发生呢？有两个必须解决的问题摆在赵匡胤的面前：一是如何重建中央集权的专制统治，打击甚至是消除地方势力，使唐末以来长期存在的藩镇割据局面不再出现；二是如何巩固新生政权，使国家长治久安，让北宋不再成为五代之后又一个短命王朝。帮助宋太祖赵匡胤出谋划策、解决这两个问题的人，是宰相赵普。

 知识拓展

半部《论语》治天下

古代有一个很出名的典故叫"半部《论语》治天下",说的就是北宋初年的宰相赵普。赵普出身小吏,读的书不多,比起别的文臣来,学问要差很多。他当上宰相后,宋太祖赵匡胤也经常劝他要多读点书,赵普连声称是。每次结束朝政之后,赵普回到家中,就把自己关在书房中认真读书,第二天上朝处理政事,从不误事。宋太祖死后,宋太宗赵光义即位。有一次赵光义与赵普闲聊,问道:"有人说你关起门读书,读的不过就是一部《论语》,这是真的吗?"

赵普老老实实地回答说:"是的,臣所知道的,确实不超出《论语》这部书。过去,臣以半部《论语》辅佐太祖皇帝平定天下,现在臣用半部《论语》,辅佐陛下治理天下。"赵普死后,家人打开他的书箱,发现他的藏书确实只有一部《论语》,于是民间就流传了一种说法,说赵普"半部《论语》治

赵普和宋太祖

赵普曾对宋太祖说:"提拔人才,是为国家着想,不能仅凭皇帝个人的好恶来定夺!"有一次,赵普向太祖推荐一个人做官,接连两天,宋太祖都没有同意。第三天,赵普又推荐,宋太祖一怒之下,将推荐奏章一把撕碎,扔到地上。赵普趴在地上,不慌不忙地把破碎的奏章拾起来,回家以后,重新粘好,过了几天,又将它交给宋太祖。宋太祖有所醒悟,于是接受了赵普的推荐。

天下"。

且不说这种说法是否属实，赵普的政治才能确实是卓越的，他在帮助宋太祖赵匡胤建立北宋政权的过程中，立下了汗马功劳；在帮助赵匡胤巩固政权的过程中，他的作用更是举足轻重。在北宋统一天下时，赵匡胤所采取的"先南后北、先易后难"策略，就是出自赵普。据说，赵匡胤当上皇帝后，喜欢轻装简从，去过去的"哥们儿"家串门，赵普就是赵匡胤最好的"哥们儿"。有一天傍晚，天降大雪，赵普以为赵匡胤不会来了，正打算回屋看书，这时敲门声响起，赵普开门，只见赵匡胤站在风雪之中。赵普慌忙拜见，赵匡胤却说："已经和晋王约好了。"晋王即宋太祖赵匡胤的弟弟赵光义。不一会儿，赵光义就到了，于是三人在堂中坐下，用炽热的炭火烤肉吃。这个故事，被后世称作"雪夜访普"。就是在这个雪夜中，赵普劝说赵匡胤放弃了先进攻北汉的计划，转而先向南平定后蜀、后汉和后唐。

为了巩固北宋政权，宋太祖赵匡胤与宰相赵普有过多次的沟通和谋划。在北宋刚刚建立时，割据地方、掌握兵

知识拓展

天下何物最大

宋太祖曾问赵普："天下何物最大？"赵普沉思后回答："道理最大。"五代以来，有武力便是王，谁武力强谁就是老大，但是赵普不认为武力最大；皇帝号称天之子，主宰天下臣民，掌生杀予夺大权，但是赵普不以为皇帝最大。赵普认为，天底下道理最大，皇帝也要讲道理，不能任性行事。对赵普的回答，宋太祖表示认同。

权的李筠和李重进就表示了不服，发动叛乱，虽然宋太祖很快就平定了叛乱，但心有余悸的赵匡胤不禁向赵普发问："为什么唐代末年以来，短短几十年里，皇帝就换了8个姓，先后12人称帝，天下的战争和动乱没有止境？我想要从其根本上结束天下的兵乱，使国家长治久安。有什么好的办法吗？"

赵普对这些问题早就深思熟虑过了，他分析唐代以后的政治和军事状况，对宋太祖说："问题的症结就在于藩镇的权力太大了，皇帝弱而臣子强。要解决这个症结，没有什么奇谋妙计，只要削弱藩镇的权力，控制住他们的钱粮，收回他们的军队，天下就能安定。"

赵匡胤听后，恍然大悟，连声说："你不用再说了，我全明白了，知道该怎么做了。"不久，赵匡胤就陆续采取了一些措施，逐渐加强中央集权，削弱地方权力。但对于那些掌握兵权的大将们，尤其是像石守信这样的人，赵匡胤碍于情面，迟迟未能下手，毕竟他们是自己的"哥们儿"，没有他们的拥戴，自己也当不上皇帝。这时，赵普又对赵匡胤说："平心而论，我也不认为他们会背叛皇上，但是如果他们的部下贪图富贵，有人作死，拥戴他们黄袍加身，他们能全身而退吗？"陈桥兵变、黄袍加身的经历就在眼前，赵匡胤听了后，不禁一怔，"是到了该下手的时候了"。

酒释兵权

961年7月的一天，在结束一天的朝政之后，宋太祖赵匡胤把当年拥戴他的"哥们儿"——禁军高级将领石守信等人留了下来，说是一帮"哥们儿"好好喝一顿。酒过三巡，赵匡胤突然屏退左右的侍从，开始了蓄谋已久的表演。他先是深深地叹了一口气，然后向石守信等人"吐槽"道："哎，我如果不是靠你们这帮兄弟出力，哪能坐上皇帝的宝座啊！我心里一直念及你们的功绩，怎么赏赐你们，都不为过。不过，说句心里话，这当皇帝实在是太难了，还不如当初做节度使快乐呢。我现在整夜都难以入眠，实在是不好受啊！"

石守信等人一听，不知道赵匡胤葫芦里卖的是什么药，只得连忙跪拜，问皇帝为何夜不能寐。赵匡胤接着说："你们难道不知道吗？显而易见啊，我这个皇帝的宝座谁不想要呢？"

石守信等人听了，顿时一阵惶恐，察觉出皇帝这是"话里有话"，于是纷纷叩头说："陛下何出此言？您当上皇帝那是天命所归，谁敢有异心取而代之呢？除非他不想活了！"

赵匡胤接着说道："话不能这么说，我知道你们绝对没有异心，但是你们的部下如果想要荣华富贵，像当年一样，把黄袍加在你们的身上，到了那个时候，即便你们自己不想当皇帝，恐怕也是身不由己，不得不当了！"

石守信等人一听，心里不禁叫苦："这是鸿门宴啊！"皇帝已经心生猜忌了，弄不好就会有杀身之祸，一时间他们惊恐地哭倒在地上，不断地向宋太祖磕头，祈求宋太祖给他们指明一条活路。赵匡胤缓缓地端起一杯酒，说道："人生在世，白驹过隙，一切都是短暂的。所谓的富贵，其实就是多攒一些钱，多买一些地，及时行乐，让自己和子孙们都过上锦衣玉食的生活。你们如果听我的劝，不如放弃手中的兵权，回到老家去，多买一些田地和美人，多建一些好房子，为子孙后代多置办些产业，颐养天年，岂不快哉？如果你们还不放心，朕可以和你们结为儿女亲家，这样我们君臣之间，两无猜忌，上下安好，这样的好事哪里去找？"

话已说到这地步，石守信等人只能俯首听命，并表示感谢皇帝的大恩大德。第二天早朝，石守信等人纷纷上书，主动要求皇帝解除自己的兵权，请求病退。宋太祖就坡下驴，欣然接受，并且废除了殿前都点检和侍卫亲军马步军都指挥等职务，将禁军的指挥权一分为三，设立殿前都指挥司、侍卫马军都指挥司和侍卫步军都指挥司，即所谓的"三衙统领"，任命的都是一些品

 知识拓展

为天下守财的宋太祖

宋太祖之女永庆公主服饰奢华，太祖批评她："公主穿这样贵重的衣服，别人就会模仿；服饰就会涨价，会影响老百姓的生活。这样的坏风气不可开。"公主不以为然，建议太祖说："皇上的车轿该用黄金装饰。"太祖笑着说："朕富有天下，别说用黄金装饰车轿，就是用黄金装饰宫殿也能办到。不过，想到朕是为天下百姓守财，就不能这么干呀！古人讲，'以一人治天下，不以天下奉一人。'如果让天下百姓都为朕一人服务，百姓们如何活命呢？"

级较低的将领。这样，禁军就牢牢地控制在了皇帝的手中。

在解决了掌管军队统帅权的军中实力派之后，宋太祖赵匡胤着手进行了北宋的军事体制改革。首先是建立了不同于五代十国的军事指挥机构，创建了枢密院制度。枢密院的长官为枢密使和枢密副使，主管调动全国军队，但这两个职务手下并没有军队。禁军由三衙统领掌握，但三衙统领没有调兵和发兵的权力。这样调动军队的权力和领军的权力分离，各自独立，且相互制约，杜绝了五代十国以来禁军掌握在寡头手中的弊端。

宋太祖又把全国的军队分为两半，一半屯驻京城，一半戍守地方，内外有别，相互牵制。京城的驻军可以防止地方上的叛乱，而地方的驻军可以防止京城军队内变，这样相互制约，大大减少了军队发生叛乱的可能性。

为了防止军中的将领彻底掌控军队，宋太祖采取了兵将分离的政策，无论是屯驻京城的禁军，还是屯驻地方的军队，都必须定期调动，称为"更戍法"，但将领并不随着军队调动。这样军队的将领和士兵就不能结合在一起，

造成了将不专兵、兵不识将，兵无常帅、帅无常师。即便这样，宋太祖还是不放心，他干脆在军队高级统帅位置实行立而不设的制度，并不任命具体的人为殿前司的首二帅、侍卫司的首三帅，在制度上对军中这五个最高的职务空置不授，使得军队只听命于皇权。

相对于历朝历代开国之君杀戮功臣的做法，宋太祖赵匡胤采取的是和平手段，既收回了军权，又不伤君臣和气，在中国历史上备受称赞，影响深远。但也有人认为，宋太祖的这种做法，大大削弱了军队的作战能力，导致北宋的军队战斗力堪忧，在后来与北方游牧民族军队的战争中，始终处于劣势，这为北宋的覆灭埋下了祸根。

1. 杯酒释兵权，解除禁军高级将领的兵权
2. 改革军事制度
   a. 将调动军队的权力和领军的权力分离，相互制约
   b. 地方驻军和京城驻军互相牵制
   c. "更戍法"，军队轮换防地，使将不专兵、兵不识将
   d. 军队高级统帅职务空置不授

宋太祖解决武将专权

03
北宋永远的痛：
幽云十六州

拱手向契丹辽太宗耶律德光送上幽云十六州的石敬瑭，是历史上著名的"儿皇帝"。

石敬瑭

> 北宋在统一天下的过程中，先后平定了荆湖之地、后蜀、南汉、南唐等割据政权。历史没有留给宋太祖赵匡胤更多的时间，赵匡胤统一天下的脚步，随着他的突然驾崩，戛然而止。继承皇位的并不是赵匡胤的儿子，而是赵匡胤的亲弟弟赵光义，史称宋太宗。

烛影斧声之谜

据史书记载，在北宋取代后周的过程中，赵光义是积极的参与者与推动者。但也有史书记载，陈桥兵变发生时，赵光义根本就不在军中，没有发挥任何作用。赵光义在当上皇帝后，命人修改史书，杜撰了自己在赵宋政权建立过程中的"丰功伟绩"。或许，历史的记载就如同赵光义的名字一样，改来改去，直到他自己满意为止。

赵光义本名赵匡义，在哥哥赵匡胤当上皇帝后，为避其名讳，改为赵光义；在他当上皇帝后，又把名字改为赵炅（jiǒng）。顺便说一句，赵匡胤的另一个弟弟赵匡美，因为两个哥哥都当上了皇帝，被迫改了两次名：赵匡胤当皇帝的时候，他改名为赵光美；赵光义当皇帝的时候，他又改为赵廷美。

976年11月13日夜，赵匡胤召弟弟赵光义进宫饮酒，并让他留宿宫中。第二天凌晨，赵匡胤被发现死在万岁殿中，赵光义则意外地继承了皇位。中

宋太宗抗洪

有一年，汴河发生水灾，宋太宗亲赴抗洪现场视察。有一处堤坝决口，水流湍急，修了很久都没堵住，抗洪人员疲惫不堪。关键时刻，宋太宗将自己的专车（车辇）推了上去，站到水中，亲自参与修堤。随从的官员见了，个个惊慌不已，纷纷跳进水里，终于把决口堵住。

 **知识拓展**

开卷有益

宋太宗好读书,曾命人编撰了《太平御览》一书,一共 1000 卷。宋太宗要求自己每天要读完 3 卷;如果有事当天来不及读,则要在第二天补上。有人劝他,皇帝每天要处理那么多国家大事,应该少看些书,以免过度劳神。宋太宗回答:"开卷有益,朕不以为劳也。"意思是,读书能让人受益,我并不觉得这是苦差事。成语"开卷有益"就是这么来的。

国古代皇帝的继承制度,一般是"父死子继",这种"兄终弟及"的做法极为罕见。正是这种极不正常的继位方式,使得流言四起,其中最著名的是"烛影斧声"之说。根据这个说法,宋太祖赵匡胤并不是召赵光义喝酒,而是因病重召赵光义入宫议事。还有一种说法是赵匡胤召见的不是赵光义,而是自己的儿子赵德芳,但赵光义抢先入了宫;这一夜,他们兄弟俩到底说了什么,外人并不知道,只是据宫中人说,见到席间烛光之下,赵光义几次离开座位,像是在躲避什么,又听见赵匡胤把一把斧头扔在了地上,大声说"好为之"。

对此,后世各种说法都有。有人认为是赵光义谋害了自己的亲哥哥赵匡胤篡位。也有人说,赵匡胤去世,赵光义即位,这是已经定好的事情,还搬出"金匮之盟"的说法来,说是赵匡胤和赵光义兄弟的母亲杜太后去世前,曾与宋太祖和赵普立下了"金匮之盟",约定太祖去世后,由其弟赵光义继位。这个说法甚至被记载在了《宋史·杜太后传》中,说得极为"合情合理"。杜太后问赵匡胤:"你是怎么取得天下的?"赵匡胤回答:"是祖先的庇佑!"

杜太后反驳说："不对，那是因为周世宗把皇位传给了小孩子。如果周氏有长君，天下岂会落在你手中？你死之后，应该把皇位传给弟弟赵光义，这样才能安定天下。"

历史的真相到底如何，已不可追寻。赵光义继承了哥哥的皇帝宝座，也继承了哥哥统一天下的夙愿。南边的割据政权已经被赵匡胤平定，剩下割据浙江的吴越钱氏政权和割据福建的陈洪进政权，不等赵光义动手，纷纷"纳土归降"。赵光义统一天下的步伐，瞄准了下一个目标——北汉。

兵 败高粱河

北汉是五代十国中"十国"的最后一个政权，由刘知远建立。早在后周时期，在北汉与后周的战争中，北汉政权就已经岌岌可危了。为了生存，北汉投靠北方的辽国，联合辽国对抗后周和后来的北宋。宋太宗赵光义继位后，天下统一的下一个拼图就是北汉，979年，赵光义率军亲征，先是击败了援助北汉的辽军，包围了北汉都城晋阳（今山西太原），城破，北汉皇帝刘继元投降。至此，在宋太宗赵光义手上，北宋终于结束了自唐末黄巢起义以来近90年藩镇割据混战的局面，再次形式上统一全国。

说是"形式上"的，是因为此时还有一大块土地并没有纳入北宋的版图，那就是幽云十六州。幽云十六州，也被称为燕云十六州或幽蓟十六州，泛指中国北方以幽州和云州为中心的十六个州，大概包括今天的北京、天津北部、河北北部和山西北部地区。幽云十六州的现状与后晋开国皇帝石敬瑭有关，936年，石敬瑭背叛后唐而自立，面对后唐军队的围攻，石敬瑭向契丹求援，契丹出兵扶持石敬瑭称帝。为了讨好契丹辽国，石敬瑭干脆认辽太宗为父，自称"儿皇帝"，并将幽云十六州割让给了辽国。

自北宋建立后，宋太祖就一直想着收复幽云十六州，因为如果没有这个屏障，北宋的边疆就岌岌可危，契丹人的铁骑随时可能从燕云之地杀向中原腹地。为了抵御契丹的铁骑，宋朝自建立后，就开始在京城开封附近大量种植树木，希望能迟滞契丹骑兵的进攻。赵匡胤甚至幻想过用金钱从辽国手中赎回幽云十六州，并为此专门在内库中设置了"封桩库"（宋太祖的存钱罐，将平定其他政权时收缴的财富单独存起来），主要来做这件事。北宋还在河北的南部兴建了大名府城池，与辽国对峙。

宋太宗赵光义在灭掉北汉后，不顾群臣的反对，想借着攻破北汉的兵威，一鼓作气，收复幽云十六州。979年5月，赵光义率军从太原出发，展开北伐。在出发之前，赵光义做了一件匪夷所思的事情：他下令放火烧掉晋阳城，又挖开汾水和晋水的堤坝，用大水冲灌晋阳城，还派出数万人削平了晋阳北部的系舟山山头，名曰"拔龙角"，并颁布法令，禁止任何人在晋阳居住。这么做的理由竟然是他认为晋阳这个地方自古以来是帝王"龙兴之地"，而系舟山就是"龙脉"，所以要毁掉。这些荒诞的行为并未给赵光义的北伐之战带来好运。赵光义亲率大军先是收复了河北易州（今河北易县）和涿州，并率军围攻辽国的陪都燕京（今北京），战事的转折发生在今天北京西直门外的高梁河。

起初，赵光义率领的大军包围燕京后，辽军大乱，纷纷败退，甚至连顺州（今北京顺义区）和蓟州（今属天津）的守军都相继投降了北宋。辽景宗先是派遣了耶律沙率军南下援助，后来又派遣了耶律休哥再率大军南下。北宋军队与耶律沙大军激战于高梁河，耶律沙力战不敌，开始败退。但是此时北宋军队已经连续作战20多天，虽然取胜，也已是精疲力竭。夜幕降临，辽景宗派遣的第二路援军在耶律休哥的指挥下到达了战场，趁着夜色，耶律休哥发动了进攻。宋军本就疲惫不堪，又不知敌人多寡，于是大败，死伤无数。原本败退的耶律沙也率军掩杀了过来，一时间宋军溃不成军，争相逃命。赵光义先是自己中了一箭，又与军队的将领们走散，众将领都误以为皇帝已经阵亡了。幸好赵光义的近臣找来了一辆驴车，请他乘坐，急速逃离。当赵光义逃到涿州时，听闻留守的部队正在策划拥立宋太祖的儿子赵德昭做皇帝，他担心后方有变，赶紧下令班师回朝。北宋收复幽云十六州的这次努力化作泡影，自此之后，北宋再也无力发动大规模的北伐。整个北宋和南宋期间，幽云十六州一直是北方少数民族政权进攻宋朝的跳板。一直到明朝建立后，收复幽云十六州才得以实现。

高梁河之战的失利，究其原因，是北宋被灭北汉的胜利冲昏了头脑，对辽军的实力和作战能力估计不足，缺乏充分的准备，贸然进攻。以侥幸心理对抗强大的辽军，焉能不败？高梁河之战是辽宋关系的一个重要转折点，也是辽宋战争宋军连败的开始。自此，北宋在与辽的战争中全然处于下风，直到后来双方签订澶渊之盟，才获得短暂的喘息。这一战的影响深远，甚至为北宋的灭亡埋下了祸根。

经历高梁河之战的大败后，宋太宗赵光义深知自己已经无力收回燕云之地了，就把一腔怒火发泄在了宋太祖的儿子赵德昭身上，因为当时有人曾想拥立

知识拓展

心腹之患与皮肤之患

古代统治者常把王朝的外部敌人称为皮肤之患，把内部敌人称为心腹之患。《后汉书·陈蕃传》中便有类似观点："寇贼在处，四肢之疾；内政不理，心腹之患。"北宋名臣欧阳修也主张"夷狄者皮肤之患，尚可治；盗贼者腹心之疾，深可忧"。宋太宗收复幽云十六州的计划受挫后，拾起了这一传统观念，认为外敌不过是癣疥（xuǎn jiè）之疾，敌方目的主要是要些土地而已；而内敌则是心腹之患，会威胁赵氏统治。宋朝外战，战无不败，思想根源便在于此。

他为皇帝。在班师回朝后,宋太宗一直没有对攻破太原的有功之臣行赏,赵德昭向赵光义提及此事,宋太宗大发雷霆,对赵德昭说:"等你当了皇帝,想怎么封赏都行!"惊吓过度的赵德昭,退朝后就自杀了。

04 北宋的中央集权举措

> 宋太祖赵匡胤通过加强中央集权，解决了自唐代中后期以来地方节度使拥兵自重的局面。

杯酒释兵权，将领统兵权，收回

削弱地方官权力

将宰相的行政、军事、财政三权分割

自唐代中后期藩镇割据以来，地方势大，中央势弱，因此地方割据和改朝换代屡见不鲜，中央政权形同虚设，经常被地方实力派摆布甚至取而代之。宋太祖和宋太宗这两任皇帝，都是五代十国时代的过来人，历史的教训他们目睹过，也经历过，等到他们登上皇帝的宝座，为了避免重蹈覆辙，必须采取一些手段，加强中央集权。宋太祖赵匡胤通过"杯酒释兵权"，让皇权牢牢控制住了军权，但这仅仅是北宋加强中央集权的开始。

知识拓展

宰相干不好州官活

宋太宗、宋真宗时的宰相张齐贤，曾经以吏部尚书身份在青州做了6年官，颇有政绩，老百姓都说他的好话，但是也有人编造谣言，说他当官不干活，政事松弛，因此朝廷把他召回。张齐贤感叹："我一向做宰相，好在没有什么大过错，如今做州官，反而被人告了。这真是在御厨房管事30年，临老了连个粥都煮不好呀！"

相权的削弱

君权与相权的矛盾，一直是中国古代政治斗争的聚焦点之一。历代封建王朝的帝王们，对宰相这个职位是又爱又恨。宰相统率百官、处理政务，是皇帝的左膀右臂；但宰相的权力过大时，往往会威胁皇权，即便是汉朝和唐朝这样强盛的王朝，也曾出现过因为宰相权力过大，对皇权造成威胁的情况。在经历了五代十国的乱世后，北宋的建立者不但想要牢牢掌握军权，对于相权也是警惕防范的。

宋太祖赵匡胤取代后周建立宋朝后，为了稳定政局，继续让后周的宰相范质担任宋朝的第一任宰相。起初，宰相作为皇帝的首辅，在朝见皇帝商量重大朝政的时候，皇帝会让宰相坐下来面议；谈完事情后，皇帝要向宰相赐茶，而后宰相告退，这种政治礼仪，从唐代一直延续到五代十国时期。宋太祖即位后，这种政治礼仪被打破了。范质毕竟是前朝的宰相，他对赵匡胤心存忌惮，每次议事，都是先写公文进呈，并向赵匡胤解释道："这样做才算是臣子们秉承了皇帝的意志，免除了妄庸的过失。"赵匡胤觉得这样做确实很好。随着宰相书面进呈公文奏章越来越多，过去皇帝与宰相"坐而论道"的旧礼也就无疾而终了。自此之后，宰相在上朝时再也没有坐的权利，只能站着。"坐礼"的废除，意味着北宋的相权开始走向衰弱。

然而，宰相丧失的不只是一把能坐的"交椅"。宋太祖为了防止宰相的权力过大，采取了分化事权的办法，以削弱相权。在古代，宰相的权力主要有三个方面，一是行政权，二是军事权，三是财政权。为了分化宰相的行政权，宋太祖设置了一个参知政事的职务，相当于副宰相；为了分化宰相的军事权，宋太祖设立枢密院，任命枢密使，专掌军事政令；到了宋太宗即位后，为了

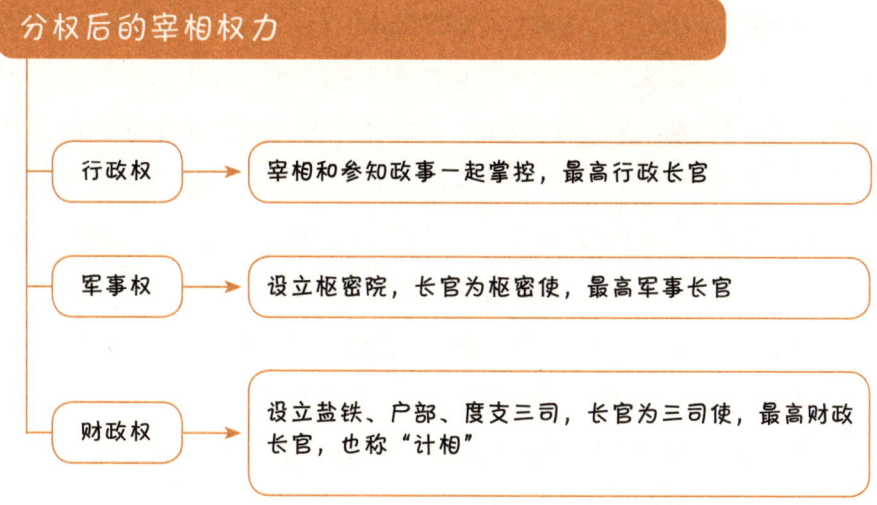

相权的削弱

分化宰相的财政权，又专门设立了盐铁、户部、度支三个机构，设三司使，掌全国钱谷出纳、均衡财政收支，为中央最高财政长官，号称"计相"。就这样，原本属于宰相的权力，被分化到新的职能部门和新的官员手中，宰相的权力一再被削弱，皇权得到了巩固，达到了皇帝专制和中央集权的目的。

宋朝这种分化宰相权力的做法，对后世王朝的影响很大。之前，宰相作为百官之首，甚至能凭借手中的权力与皇帝"分庭抗礼"。到了北宋后，相权一再被分化和压缩，宰相慢慢地变成了皇帝手中的"工具人"。而中国历史上关于君权和相权的斗争，一直延续到清朝雍正时期军机处设立，最终尘埃落定。

知州、知县与转运使

在处置完相权之后，宋太祖对地方政治也进行了新一轮的规划。自唐代中后期藩镇割据以来，地方官的任免权掌握在藩镇势力手中，这些地方官员都成了藩镇势力的爪牙。既然不由中央政府任命，自然也不受中央政府的管辖，这一弊端导致了中央政权的权威荡然无存。为了解决这个弊端，宋太祖派遣大量文臣担任各地的州县长官，所以宋朝的科举制度规模是远大于唐朝的，科举考试产生的文人，成为地方官员的重要来源。为了防止知州、知县的权力过大，宋朝实行三年一换的制度，频繁调动州县长官。

知州，全称是"权知某军州事"。"权知"意为暂时主管，"军"指该地厢军，"州"指民政。知州由文臣担任，宋朝在各州府又设置通判一职，作为副职，以分化知州的权力。

知县，别称县长、县台、县太爷，自春秋战国时期，设立县这一行政区域时，县长这一行政职务就成为地方官职的重要一环。不过，在春秋时期，县上面没有州，更没有省，而是直接归中央管辖，所以这一时期，县所管理的地域比较大，权力也比较大。秦始皇统一中国后，建立郡县制，在县的上一级设置了郡，县受郡节制，县级长官"万户以上为令，不足万户为长"，这是县令和县长的由来。汉朝延续了这一制度，南北朝至隋唐时期，郡被州所替代，郡县二级制变成了州县二级制。到了宋朝，为了分化县长的权力，千户以上的县，设置县令、县尉、主簿3个官职，其中县令负总责，县尉分管治安，主簿分管民政。不满千户的县，则不设主簿一职，主簿由县令兼任。

自唐末以后，节度使一直是割据地方的大患。宋朝在设置了州县制之后，虽然从行政上分化了节度使的权力，但这还不够，取消节度使的收税权才是解决问题的根本。因为正是节度使掌握了地方上的收税权，积累了大量财富，所以才能养得起强大的军队与中央对抗。于是，宋太祖下令，取消节度使的收税权，除了各州留下一部分作为地方上的必要支出，一切税收由中央掌控。后来又通过设置和加强转运使一职，将地方赋税收归中央。正是这一

知识拓展

戒石铭是怎么来的

从宋代开始，各地州县衙门口都立着一块石头，称"戒石"，上书铭文，南面刻"公生明"3个大字，北面刻"尔俸尔禄，民膏民脂，下民易虐，上天难欺"16字。这一做法，始于宋太祖。"戒石铭"原本出自后蜀皇帝孟昶，共有24句，宋太祖见了，觉得很好，删改为后来常见的4句。

 **知识拓展**

宋代的普通话

中国古代官吏选拔、任用多实行回避制度,即禁止本地人做本地官,必须异地做官。但是中国地域广,各地都有方言,这就需要一种统一的语言,即今天所谓的普通话,古称"雅言"(官话)。据考证,北宋的雅言,就是今天的河南话。而元朝之后,北京一直是首都,所以北京话就成了官话。

招"釜底抽薪",用经济基础决定上层建筑的原理,才杜绝了藩镇割据局面的再次出现。

知州、知县和转运使的设置,起初是行之有效的,对北宋初期的繁荣和稳定起到了关键性作用,也确实消除了地方藩镇势力坐大的威胁。但很多事情,往往是压住了这头,却忽略了另一头。原本为了控制赋税而设置的转运使一职,到了北宋后期,有了另一个意想不到的作用,那就是为皇帝在地方上收罗各种奇珍异宝。小说《水浒传》中,青面兽杨志曾负责押送"花石纲",这个花石纲就是转运使下设置的一个机构,专门运送奇花异石以满足当时的皇帝宋徽宗的个人喜好。花石纲搞得北宋政治乌烟瘴气,民不聊生,各地不断爆发农民起义,为北宋的灭亡埋下了伏笔。

中央：削弱相权

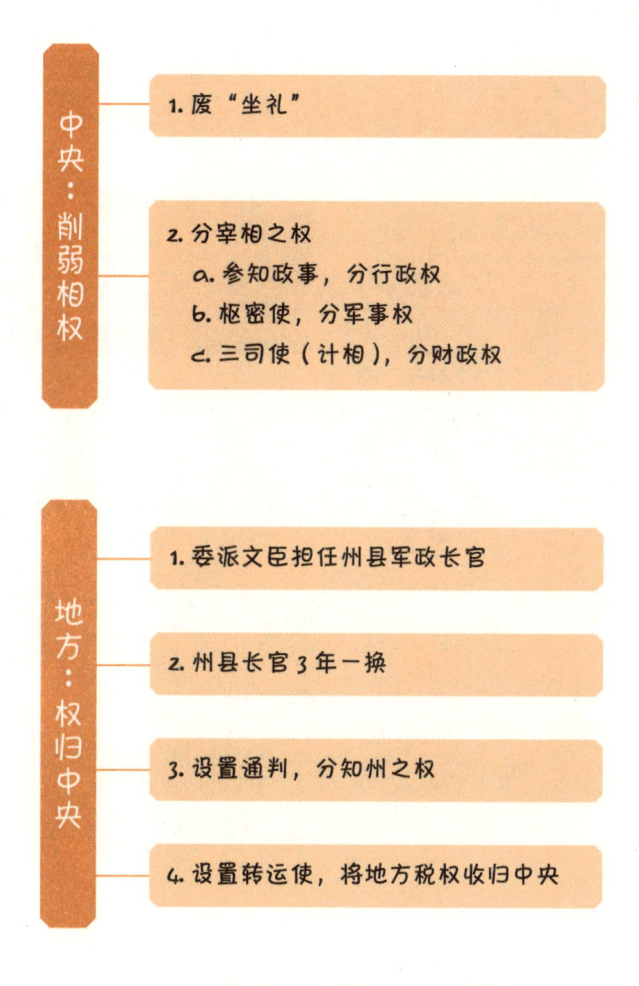

1. 废"坐礼"

2. 分宰相之权
   a. 参知政事，分行政权
   b. 枢密使，分军事权
   c. 三司使（计相），分财政权

地方：权归中央

1. 委派文臣担任州县军政长官

2. 州县长官3年一换

3. 设置通判，分知州之权

4. 设置转运使，将地方税权收归中央

宋初加强中央集权的举措

05
重文轻武的基本国策

> 为了防止藩镇割据、五代十国等乱象再次出现,宋初的"重文轻武"政策逐渐形成。

唐朝自安史之乱爆发后,皇权一再受到威胁。因为战乱频发,朝廷的武将和地方上的军事长官,在屡次的战争中建立功勋,并且逐渐掌握了原本不应该拥有的兵权,军阀由此产生。掌握军权的军阀与中央政府矛盾越来越激化,对中央政府的命令阳奉阴违,甚至公开反对,进而掌握行政权、人事任命权、财政权和税赋权等权力,最终形成了不受中央政府管控的藩镇。从唐末到五代十国时期,那些建立割据政权或是短暂夺取天下、建立王朝的人,往往都是凭借手中的军事力量。

宋朝统治者奉行"重文轻武"的政策

宋太祖赵匡胤结束五代十国的混乱局面，建立了宋王朝。怎样让新生的王朝避免重蹈短命的覆辙，是赵匡胤首先要考虑的事情。作为五代十国的亲历者，他明白，自己作为一个出身并不显赫，通过军事政变夺取帝位的人，随时都有被人取而代之的危险。他必须从根本上改变自唐末以来崇尚武力的社会风气，杜绝武将拥兵自重、凭借手中军权改朝换代的可能性，而最有效的方法，就是推行重文轻武的国策。

这样做的好处有两个。一方面，实行轻武，能削弱武将的权力，消除藩镇割据的威胁，从而树立皇帝的政治权威。武将的地位被削弱，武人被人看不起，军队完全成为皇帝和国家的警卫，不再是争权夺利的工具，这样皇帝才能睡得踏实。另一方面，实行重文，重视文人知识分子，重视文教建设，提倡以儒家思想为核心的价值观，通过科举考试大量选拔文官，用以充实因为武将受抑而带来的权力真空，把更多的文人放到国家官僚机构的重要位置上，既能有效地管理国家，又能防范他们依靠军权威胁皇权。中国有句俗话，叫"秀才造反，三年不成"，说的就是这个道理。文官的选拔制度是科举，武将也有其选拔制度，名曰武举。根据史书的记载，北宋一朝，通过科举走向仕途的文人，大约有6万名，而通过武举走向仕途的武人，不到1000人。更要命的是，这些武举出身的人还被人看不起，混得很不如意。

凡事都有利弊两面，重文轻武也不例外。北宋统治期间，北有辽和西夏，以及后来崛起的女真，西边有吐蕃、南边有大理，这些少数民族政权一个个对北宋虎视眈眈。而因为重文轻武，北宋军队的战斗力堪忧，历次战争都是败多胜少。也因此，北宋在边境上奉行防守为主甚至是被动防守的策略，面

知识拓展

曹彬避权，潘美避功

曹彬和潘美，都是宋初名将，两人都有大功，且与宋太祖赵匡胤关系深厚，但他们仍然行事谨慎、退让。明清之际的思想家王夫之评论说："曹彬之谦谨而不居功，以避权也；潘美之陷杨业而不肯救，以避功。"意思是曹彬不愿掌权，宁可与士兵关系疏远；潘美不愿有功，宁败而无过错，不肯胜而被皇帝惦记，其实都是害怕功高震主。

对敌人的进攻，不敢出战，更不敢主动进攻，最终落得个被动挨打的局面。战争打不赢，那就只能靠和谈，而和谈的条件就是赔款，美其名曰"岁赐"，说白了就是拿钱买和平。好在北宋因为文治，社会经济发展迅速，财政收入巨大，有的是钱。靠钱买来的和平，北宋维持了100多年。政府和老百姓也乐于见到这种花钱买来的和平，毕竟不用流血牺牲，就能防止外敌入侵，何乐而不为？

中国有句古话：好战必亡，忘战必危。北宋因为重文轻武，不可避免地走向了"忘战"之路，军备松弛、军队战斗力差。一旦来自北方的少数民族政权不再满足于金钱的诱惑，以夺土灭国为目的，北宋就无力招架了，这是北宋灭亡的祸根。

重文轻武的另一个弊端是武将的地位急转直下，不被信任，甚至被排挤，被鄙视。纵观北宋历史，武将的忠诚度很低，很容易就叛变投敌，即便不投敌，很多武将也会因文官的构陷，丢官或者进监狱。如在北宋边境与辽军长期作战的杨延昭（演义小说《杨家将》中"杨六郎"的原型）就屡次被文官构陷，差点丢官。

"做人莫做军，做铁莫做针"

北宋初年，有一个叫曹翰的将军，有感于武将被歧视的遭遇，写了一首《退将诗》，诗中有两句"曾因国难披金甲，不为家贫卖宝刀"，以表达对"重文轻武"风气的不满。连武将都被人看不起，更不要说普通的军人了，民间谚语"做人莫做军，做铁莫做针"，深刻反映出当时军人的社会地位。看过《水浒传》的人都知道一个词——"贼配军"。原来在宋朝，犯了罪的人多数被充当配军，配军的罪犯身份导致他们受人歧视，因此，他们在挨骂时被称为"贼配军"。

北宋时，诞生过中国古代第一部军事教科书——《武经七书》，这本书由《孙子兵法》《吴子兵法》《六韬》《司马法》《三略》《尉缭子》《李卫公问对》等七部著名兵书汇编而成，对后世军事学影响极大。这本书的编者是一个叫何去非的人。何去非出身贫寒，想改变自己的命运只能通过科举考试，但他实在不是科举这块料，六考六不中，最后只能以"特奏名"入仕。所谓"特奏名"，是朝廷为了笼络那些屡次落第的考生，授予其"特奏名进士"，让其有资格做官，不过这些人大多都只能担任低级官员。何去非的才能不在写文章、考科举，他熟知兵法，精通军事，对军事学有很深的造诣，然而他的这些才能在当时都是被人看不起的。

文学家曾巩发现了何去非的才华，向皇帝举荐。皇帝面试之后，授予他武学博士的职务。但武学博士这个职务是军职，何去非苦恼万分，一心想转为文官。为此，苏轼仗义执言，给皇帝上书，说："去非虽喜论兵，然本儒者，不乐为武吏。又其他文章，无施不宜。欲望圣慈特与换一文资。"皇帝

知识拓展

韩琦有见识

宋太宗和宋仁宗曾先后在大名府郊外狩猎，并题诗数十首，被地方官员刻在石碑上，以示荣耀。韩琦任职大名府时，派人把这些石碑藏了起来。有人不理解为什么要这么做，劝他把诗拓摹下来进献给当时的神宗皇帝，韩琦拒绝了。后来韩绛到大名府任职，将这些诗的拓本进献神宗，韩琦听说后，叹息道："我难道不知道这么做能取悦皇帝吗？但是皇帝正锐意进取，大臣不应该用狩猎之事去诱导他。"

看在苏轼的面子上，给何去非换了文职。然而何去非就像是被打上了烙印，换成文职还是被人看不起。这样一个杰出的人才，终其一生，最高也不过是在地方上混了一个"通判"之职。

北宋文学家欧阳修有一篇著名的《卖油翁》，其开头一句"陈康肃公善射，当世无双"。文中这位陈康肃公名叫陈尧咨，是宋真宗时期的科考状元。同时，他还是一位有名的神射手。原本他觉得自己能文能武，颇为得意。谁知母亲得知他箭术高超后，非常生气，训斥他："汝父教汝以忠孝辅国家，今汝不务行仁化而专一夫之伎，岂汝先人志邪？"意思是说：你爸让你从文，辅佐皇帝治理国家，你倒好，喜欢射箭这种武人的伎俩，这难道是你死去的父亲的心意吗？

宋真宗死后，宋仁宗即位，皇帝觉得陈尧咨既然这么"善射"，就给他安排了一个宿州观察使的武将职务。陈尧咨也明白，这个武职是会被人笑话的，便不想赴任，最后还是太后出面做工作，他才勉强答应。等他回到家中，他的母亲等待已久，对着陈尧咨就破口大骂："汝策名第一，父子以文章立朝

为名臣，汝欲叨窃厚禄，贻羞于阀阅，忍乎？"意思是说：你堂堂的状元，不好好写文章，当你的文官，现在为了高薪，竟然不知羞耻去当武将，家人的脸都被你丢光了。可见，在当时，不光是武将被人歧视，甚至与武力相关的一切爱好和行当，都是被歧视的。

纵观北宋一朝，武将出身的人想要爬上高级官阶非常难，宰相或是副宰相的职务更是妄想。从军人做到宰相职务的，似乎只有名将狄青一人。狄青曾官至枢密使，这个职务一般是由文臣担任的，狄青担任此职后，遭到了文官集团的一致抵制。究其原因，还是因为狄青是军人出身，而且是从最底层的士兵做起的，脸上刺字，发配充军，是个"贼配军"。在他当上高官后，皇帝觉得他脸上的刺字实在不光彩，建议让太医给他去掉，狄青拒绝了。因为他知道，即便抹去了脸上的刺字，在文官们的眼中，他还是个不名一文的武夫，是个"贼配军"，无法改变。

狄青当上枢密使后，文官们先是弹劾他，诬陷他要谋反，宋仁宗说："狄青是忠臣！"宰相文彦博拿宋太祖赵匡胤作为武将，抢了周世宗儿子的皇位来

知识拓展

狄青的故事

狄青和王尧臣是同事。王尧臣是状元出身，经常拿狄青脸上的刺字开玩笑，说："你脸上这两行字越来越好看了。"狄青答道："你要是羡慕，我送你一行。"说得王尧臣羞惭不已。宋仁宗想帮狄青去掉脸上的刺字，狄青拒绝道："若不是因为脸上有这两行字，我也不会有今天的成绩和地位。留着字在，正是要激励天下的低贱之人，不要自暴自弃。"

说事，反驳道："太祖皇帝也是周世宗的忠臣。"弹劾、诬陷不成，文官们又开始讽刺狄青是"狗生角"。在古代，狗生角是凶兆，比喻不可能发生的事情。到了最后，文官们充分发挥自己的"才学"，编了一首童谣，让京城的孩子们传唱，说什么"汉似胡人胡似汉，改头换面总一般"，拿狄青的姓氏和脸上的刺青做文章，可谓无所不用其极。

有一次，韩琦要杀狄青的一个手下，这个手下曾屡立战功，狄青想保他，便对韩琦说："他有军功，是个好男儿！"韩琦冷笑道："东华门那些被唱名的状元郎才是好男儿！"韩琦讽刺狄青是行伍出身，没有文化，没有功名。文官们的集体打压，让皇帝和狄青都彻底丧失了信心。宋仁宗迫于文官集团的压力，只好把狄青打发到了地方上去做官，狄青最后郁郁而死。

06 北宋的科举制度

> 科举制度成型于隋唐时期，到了宋代，这一制度在内容和形式上都发生了很大的变化。

平民 →考试→ 秀才 →考试→ 举人 →考试→ 进士

科举制度起源于隋唐，这一中国古代最为重要的人事选拔制度，对中国乃至世界都产生了深远的影响。科举制度是封建王朝时期所能采取的最公平，也是最具可行性的人才选拔形式。它在一定程度上拓展了封建王朝引进和吸纳人才的社会层面，使得大量出身中下层社会的优秀分子能够进入统治阶级队伍，维护了封建王朝的统治。随着北宋的建立，为了满足北宋王朝对于文官的大量需求，科举制度在北宋得到了长足的发展，逐渐成为一种较为完善的人才选用制度。后世王朝也基本沿用了北宋设定的科举考试方式。

知识拓展

录取进士最多的一年

北宋宣和六年（1124年），各地到开封参加国考的人有几万人，政府任命了60位考官，但考试时，签名簿上却有61个考官人名，主考官查来查去，发现不知怎的多了个叫宋应辰的人名，于是交代说："宋，是我大宋国号，又叫应辰，就是顺应良辰吉日之意，这是老天爷提醒我们，这一届考试中有杰出人才呀，大家评卷时一定要注意。"结果，考官们对任何考生都不敢敷衍，所以这一年录取的进士多达805人，为宋朝历史之最。

趋完善的宋代科举

宋朝采取的是任用考试制度。在隋唐时期，科举只能算是资格考试，考生在中榜后只是获得了做官的资格，并不会直接授予官职。宋朝取消了科举考试中部分烦冗的考核流程，让吏部参与考核，中试者可以直接进入官场。宋太宗时期，考生通过殿试后即可取得进士称谓。宋真宗时期，又将殿试定为三甲制，将考试排名分为一甲、二甲、三甲3个档次，一甲赐"进士及第"，只取三名，第一名状元，第二名榜眼，第三名探花；二甲赐"进士出身"若干名，第一名通称传胪；三甲赐"同进士出身"若干名。只要达到三甲这个等级就可以被授予官职。根据记载，两宋时期130多位宰相中就有120位是通过科举考试入仕的。任用考试的推行为皇帝招揽了大批士子，也为宋朝的人才选拔拓宽了渠道。

为了公平起见，真正不拘一格地选拔人才，宋朝的科举考试制度取消了门

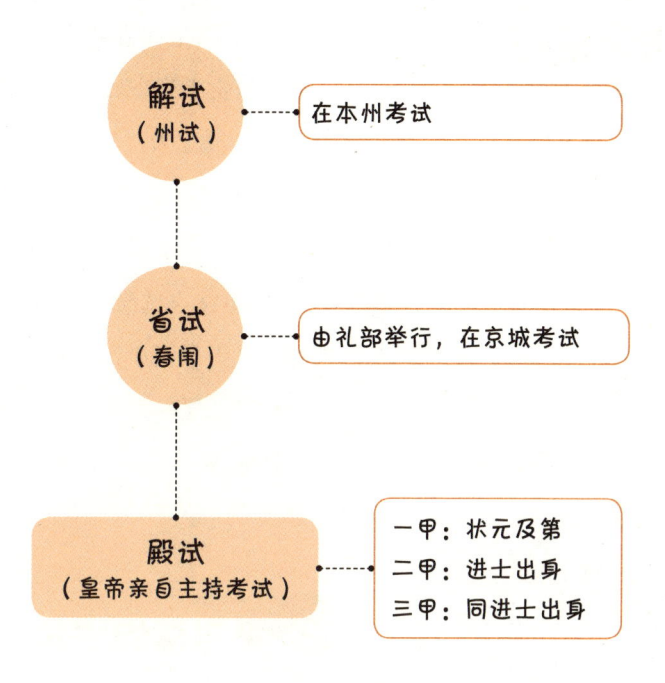

```
解试（州试） ……… 在本州考试
    ↓
省试（春闱） ……… 由礼部举行，在京城考试
    ↓
殿试（皇帝亲自主持考试） ……… 一甲：状元及第
                            二甲：进士出身
                            三甲：同进士出身
```

宋朝的科举

第的限制。门第限制是在魏晋南北朝时期形成的，当时选拔人才的权力都掌握在门阀贵族的手中，平民百姓及庶出子弟都很难入仕为官。隋唐时期，尽管科举考试能够让寒门子弟通过考试为官，但其中仍然存在很多弊端，士族的权力过大限制了科举制度的实施。到了北宋，为解决士族阶层权力过大的问题，宋太宗多次告诫主考官要选贤举能，切不可徇私舞弊。在宋朝进士中，寒门庶族子弟占大多数。为了扩大人才选拔的范围，北宋还曾专门发布诏书，允许各行各业的人参加科举，这直接打破了门第的限制。

宋朝的科举考试制度分为三个层级，分别是解试、省试和殿试。解试是科举考试的入门阶段，考生只有通过解试才能进入后续的考试阶段。为了避免徇私舞弊的现象发生，朝廷对不同地区举办的解试有着非常严格的规定，例如，当考生有亲属在本州考场范围内为官时，便会被安排到较远地区的考

知识拓展

为子孙得太平宰相两人

苏轼父子3人，俱有才名，世称"三苏"。据说苏轼和弟弟苏辙同时被录取为进士，宋仁宗皇帝下朝后，对人说："吾今又为吾子孙得太平宰相两人！"得意之情溢于言表。后来苏轼因乌台诗案，差点儿被问斩。正逢太后重病，宋神宗欲大赦天下以祈福，太后重提仁宗的话，说："其他人都不用赦免，但放了苏轼足矣。"苏轼因此躲过一劫，被贬黄州。

场。省试则是在春季举行，由各州或转运司送贡士到京城参加尚书省礼部的考试，也被称为"春闱"，考官主要由皇帝来任命。殿试也被称为"廷对"，一般都是由皇帝担任主考官，过程十分严格。能够入选殿试的进士，一般都被称为"天子门生"，这样皇帝和进士们就有了一层师生名分，使得君臣关系更为紧密。

科举考试的"龙虎榜"

科举考试在中国实行了上千年，其真正的顶峰出现在两宋时期，尤其是北宋。而在北宋的167年间，要论起盛世繁华、人才辈出，当属宋仁宗赵祯在位的42年。其中宋仁宗嘉祐二年（1057年）的进士科，更是号称中国科举史上的"千年龙虎榜"——这一批中试者在政治、军事、思想、文化等方面的影响力，堪称空前绝后，在中国千余年间的700多次科举考试中独占鳌头，没有哪一次能与之相比。历史将记住这次"群星闪烁"的科举考试。这一年的进士，论文学，"唐宋八大家"中出了3个；论做官，宰相就出了9个；论政治，熙宁变法的干将出了7个；论学术，宋学四派中有三派的创始人也参加了这次考试。

那一年，春节刚过，蜀中眉山一户姓苏的读书人家，正在吃团圆饭。男主人已经48岁，两个儿子，一个20岁，一个18岁。饭桌上，男主人和妻子谈起，要带两个儿子赴东京（今河南开封）参加礼部的科举考试。他自己已经参加过三次，皆未能中进士。男主人对妻子坦言，这是他最后一次参加考试，如果再不中，就只能把希望寄托在两个儿子身上了，这次带两个儿子去参加考试，主要是为了让他们见见世面。

父子三人路过成都时，一位29岁的邓姓青年加入了他们的队伍。两个儿子很不喜欢这人，认为他是个油嘴滑舌的"老油条"，父亲则对儿子说："看人要看其长处。这位邓先生的学问做得还是很好的。"大儿子顶了一句嘴："我看他的人品，实在不咋的！"

那一年，江西南丰一户姓曾的大户人家，家中有7个兄弟，年满18岁的有5个，长兄病了，不能出行，剩下的4个兄弟决定一起赴东京参加当年的科举。和曾氏兄弟同行的还有他们的两个妹夫，都姓王，也是读书人。一行6人走到江西德安时，其中一个妹夫说："这里有我们一个亲戚，叫上他一起去吧。"这位亲戚也姓王，他对科举似乎不感兴趣，6人找到他时，他正在读兵书。大家劝他："一起去吧！本朝重文轻武，真正掌管兵权的都是文人，先考取个功名再说。"于是这位亲戚放下兵书，一同去了。

那一年，福建南平章氏家族的两位子弟也要去参加考试，他们是叔侄俩，侄子却比叔叔大，叔叔22岁，侄子32岁。出门时，侄子与叔叔开玩笑："叔叔，这次考试，我志在状元，不知您意下如何？"叔叔"哼"了一声，回答道："小子，你写字都是我教的，这次考试，我若名次在你之后，便不要这功名。"

章氏叔侄走到泉州时，有一个姓吕的25岁青年正在等着他们。侄子问叔叔:"他怎么也来了?"叔叔回答:"一起进京考试,正好结伴。"侄子却说:"这人是个执拗的家伙。"姓吕的青年正好听到了侄子的话,不悦地回了一句:"你叔叔不也是个执拗的家伙吗?"

三人在路过常州时,当地的王知州设宴款待了他们,原来王知州与吕姓青年相识。他们时而吟诗作对,时而褒贬时政,吕姓青年问王知州:"他年你若为相,该当如何?"王知州回答:"必定变法。"吕姓青年立刻表态:"我支持你!"章姓的叔叔也附和道:"我也支持!"侄子却不以为然。

那一年,东京的相国寺里,在大雄宝殿的正中央,放着一张虎皮大椅,释迦牟尼佛前的供桌上,摆着一部《易经》。一个37岁的中年人也是来参加殿试的,却在备考期间向众人讲授易说。这位中年人姓张,有人问他:"意欲何为?"他回答:"无他!为天地立心,为生民立命,为往圣继绝学,为万世开太平。"

那一年,两位姓程的兄弟也赶到了东京,年长的25岁,年少的24岁。他们也是来参加科举考试的,听说有人在相国寺讲授《易经》,便赶去凑热闹。听了张先生的讲演,兄弟二人却不以为然,因为这与他们的老师周先生讲的不太一样。兄弟二人便与张先生讨论了起来,张先生听完后,对众人讲:"易学之道,我不如二程。你们可向他们请教。"

正当这些人陆陆续续赶到东京时,朝廷任命了这次科举考试的主考官,这可是一位天下闻名的大文人,复姓欧阳。这位欧阳先生3岁时,父亲就去世了,家里很穷,母亲用树枝在地上写字教他,他非常刻苦,23岁时中了进士。据说,这位欧阳先生原本应该是状元的,但当时的主考官晏大人认为其"锋芒过盛",故意降低了他的名次。这一次欧阳先生自己当了主考官,他又该如何应对呢?

这个主考官名叫欧阳修,是一代文豪,唐宋八大家之一。蜀中眉山的三父子,分别是父亲苏洵,儿子苏轼、苏辙。临考时,苏洵却没有进考场,他已经厌烦了考试,他的两个儿子都中了进士,苏轼和苏辙两兄弟开创了宋学中的"蜀学"。父子3人在成都碰到的那位青年，名叫邓绾，他也中了进士，诚如苏轼、苏辙所说，他确实是个老油条，在后来的新旧两派政治斗争中，他左蹦右跳，毫无操守。

江西南丰的曾氏兄弟四人和他们的两个妹夫也都中了进士，被称为"一门六进士"。他们分别是曾巩、曾牟、曾布、曾惇，两个妹夫分别是王无咎、王彦深。曾巩与苏轼、苏辙两兄弟名列唐宋八大家之中。他们在德安结伴而行的另一个王姓青年名叫王韶，王韶也中了进士，与别人不同的是，王韶走向了战场，成为北宋名将，还写了一部兵书——《熙河阵法》。

福建南平的章氏叔侄也中了进士，之前的戏言成真，侄子章衡高中状元，叔叔章惇名列中游。章惇觉得脸上无光，当即向皇帝表示，放弃这次考试成绩。4年后，章惇再次参加考试，名列第一甲。

泉州的吕姓青年名叫吕惠卿，在常州款待他们的知州名叫王安石。12年后，位居中枢的王安石真的变法改革了，吕惠卿和章惇都成了他变法的得力干将。

知识拓展

理学、道学先生

理学，也称道学，是中国思想史上的一个重要流派，代表人物是北宋的程颢、程颐兄弟和南宋的朱熹，也称为"程朱理学"。

朱熹理学思想中的一个重要观点是"存天理，灭人欲"，即遵循天理，通过道德修养来克服自身过度的欲望。这一目标要求过高，很少有人能达到，后世很多读书人学得四不像，因而思想古板、作风迂腐，被贬称为"道学先生"。

知识拓展

程门立雪

成语"程门立雪"中的"程",指的就是程颐。冬日某天,杨时登门请教时,程颐在午睡。杨时为了不打扰老师,大雪天一直在门外站着,雪落满身。后来人们用"程门立雪"形容尊师重道,诚心求学。

东京相国寺那张虎皮大椅上,讲课的先生名叫张载,他也在这一次科举中了进士,后来他开创了一个学派,史称"关学"。诚如他所言,他的学问真正做到了"为天地立心,为生民立命,为往圣继绝学,为万世开太平",至今都影响着中国的知识分子。而那两位与张载谈《易经》的青年,分别是程颢和程颐,他们的周老师便是写下《爱莲说》的周敦颐。程颢、程颐两人并称"二程",他们两人开创了宋学中的"洛学",他们的学说生根发芽,枝繁叶茂,成为影响中国数百年的"理学"。

07 澶渊之盟

> 澶渊之盟以后，宋辽双方和平相处了百余年，两国之间的贸易关系、文化交流及民间交往均有所发展。

自从宋太宗赵光义亲征辽国，试图夺回幽云十六州，在高梁河之战失利后，辽宋之间的战争就没停止过。民间传说中的杨家将抗辽故事十分精彩，但历史的真相却截然不同，实际上北宋在对辽的战争中，一直是败多胜少。到了宋真宗时期，辽军更是打到了黄河岸边的澶州（今河南濮阳）城。澶州是北宋都城开封北部的屏障，一旦澶州失守，开封便岌岌可危，但历史的转折也就此发生了。

澶州之战

高梁河之战后，北宋军队的精锐损失殆尽。更可怕的是，北宋统治集团从上到下，都患上了"恐辽症"，谈辽色变，别说收复幽云十六州，北宋都不敢进攻辽国，还转入防御甚至是消极防御的态势中。为什么说是消极防御呢？因为没有了幽云十六州的屏障，北宋与辽的边境变成了河北南部的平原，根本无险可守，北宋军队只能设置堡垒和营寨。

辽阔的华北平原，岂是几座堡垒营寨能防守得住的？辽军占据了全面的优势和主动权，北宋军队处处被动挨打。到了辽圣宗时期，辽国萧太后实际掌权，国力大增。萧太后可是个厉害的人物，是传奇故事中的杨家将的宿敌。不过，历史上还真有"杨六郎"杨延昭这个人，但历史上的杨延昭并不是"令公"杨业的第六子，而是长子（也有说法为次子）。杨延昭作为宋军的边关将领，在与辽国的数次交战中，总是能略占上风。不过，光有一个杨延昭是不够的，改变不了北宋对辽作战屡屡失利的局面。

北宋景德元年（1004年），辽国萧太后和儿子辽圣宗耶律隆绪率领20万大军，南下入侵宋境，很快就打到了澶州城下，并将其三面包围。为什么是三面包围呢？这与澶州城的地理情况有关，澶州城以黄河为界，分为南北两城，北城背靠黄河，敌军只能包围三面。当时澶州城的守将是李继隆，他率兵死守澶州城门，也正是因为他的死守，为北宋赢得了一线生机。

辽军围攻澶州城的消息传到京城开封，京师震动，皇帝和大臣们惊慌失措，不知如何是好。参知政事（副宰相）王钦若跳出来说，"三十六计，走为上"，赶紧"迁都"吧。至于迁到哪里去，王钦若主张迁到昇州（今江苏南京），陈尧叟则主张迁到益州（今四川成都）。这时，一个影响中国历史进程的人物站了出来，这人就是同平章事（宰相）寇準，因为他曾在山西当过县令，民间称他为"寇老西儿"。寇準对皇帝宋真宗阐明利害："如果我们跑路，大宋就完了！"寇準坚持让宋真宗御驾亲征，宋真宗犹豫不决，另一位宰相毕士安也从旁劝说，宋真宗最终决定御驾亲征。对于要跑路的王钦若，寇準使了个坏，推举他镇守天雄军（治所在今河北大名）。王钦若与寇準从此交恶，这也为寇準后来的失势埋下了祸根。

这年11月，宋真宗御驾亲征，朝中的文武大臣全部随军出征。在大臣们的簇拥下，宋真宗来到了澶州城。偏巧战场上一件不可思议的事情发生了。辽军大将萧挞凛向来轻视宋军，他带着骑兵侦察地形时，被宋军床弩射中头部，当场毙命。听到辽军大将被射杀的捷报后，寇準十分高兴，连忙劝说宋真宗赶紧渡过黄河之上的浮桥，从澶州南城赶往北城前线。谁知在车驾到达浮桥时，宋真宗又停滞不前，不敢再向北城进发。这时，宋真宗身边的老将高琼站了出来，他抓起一根棍棒敲打车夫，并大声说道："都什么时候了，还有什么退路，只能前进了！"宋真宗

知识拓展

"溜须"一词的由来

寇準30多岁就进入权力决策层。据说宋太宗曾认为寇準可以做宰相，但就是年纪太轻了。寇準听说后，特意把头发染白，于是宋太宗升他为宰相。寇準任宰相后，提拔了丁谓，但丁谓这人能力强，品性差。一次，丁谓和寇準一起吃饭，寇準的汤汁流到了胡须上，丁谓眼尖，赶紧拿出手帕给寇準擦胡须。从此"溜须"一词，成了拍马屁的又一说法。

没有办法，只能继续前进。在寇準和高琼等人的劝说下，宋真宗登上了澶州北城城楼，以示督战。宋军士兵看到皇帝都亲征了，士气大振，气势如虹。各地的军队也纷纷向澶州城靠拢，宋军迅速聚集了几十万人，战场的形势变得对宋军十分有利。

反观辽军，先是孤军深入犯了兵家大忌，再加上大将阵前被杀，士气低落。而在辽军的后方，杨延昭等人率领的军队也纷纷围了过来，形势对辽军很不利，于是萧太后决定向北宋求和。面对辽国的求和，寇準认为这是大好时机，于是提出了契丹称臣，并归还幽云十六州的条件，否则大家就决一死战，大不了鱼死网破。宋真宗的想法则与寇準不同，他认为只要辽军撤走了，就万事大吉。

澶渊之盟

平心而论，寇準提出的条件其实是不现实的。辽军在战斗力上，对宋军有明显的优势，即便通过谈判，要挟辽国归还幽云十六州，宋军也拿不回来，因为一切得凭实力说话，此时的北宋，不过是暂时占据了先机。双方谈判人员一接触，就各自亮出了底牌。辽国提出的条件是归还后周世宗北伐时夺取的关南之地；而宋朝的条件是只要辽国退兵，就可以每年给辽国一些钱和绢，但不同意辽国提出的领土要求。这里要说一下北宋派出的谈判官员曹利用，他当时的职务很低，之所以选他，是因为北宋的高级官员都怕被辽军扣押。谈来谈去，最终按照宋朝的条件基本达成了协议，剩下的问题就是北宋给辽国多少钱了。曹利用在临行前向宋真宗请示，宋真宗回答："实在不行，给100万也是可以的。"等曹利用出来，守在门外的寇準一把拦住了他，对他说："虽然有圣上的旨意，但这次你去交涉，答应给辽国的银绢不得超过30万，否则即便和谈成功,我也会杀了你!"

曹利用深知寇準是说到做到的,于是在与辽国的和谈中,讨价还价,最终按照寇準的底线,双方达成了协议,即《澶渊誓书》。和约的主要条款有:一、宋每年给辽提供绢20万匹,银10万两。二、两国结为兄弟之邦,辽圣宗尊宋真宗为兄,宋真宗尊萧太后为叔母。三、疆界的规定,"沿边州、军,各守疆界。两地人户,不得交侵"。四、互不容纳叛亡,"或有盗贼逋逃,彼此无令停匿"。五、互不骚扰田土及农作物,"至于陇亩稼穑,南北勿纵惊骚"。六、互不增加边防设施,"所有两朝城池,并可依旧存守。淘濠完葺,一切如常"。即不得创筑城隍,开拔河道。最后双方发誓遵守条约。澶州旧称澶渊,因此,史称这件事为"澶渊之盟"。在得知"岁币"30万后,宋真宗几乎是高兴得跳起来,连连夸赞曹利用办事得力,将他官升几级。寇準因为保国有功,也得到了宋真宗的重用。此后寇準每次上朝后,皇帝总是目送他离开,以示尊重。当初力劝宋真宗跑路的王钦若,出于对寇準的嫉恨,故意问皇帝:"陛下您这么敬重寇準,是因为他有大功于国家吗?"

宋真宗回答:"是。"

王钦若又问:"澶渊之役,陛下不以为耻,反而认为寇準有大功,这是为什么呢?"

宋真宗一时回答不出来,反问:"为什么呢?"

王钦若说:"澶渊之盟不过是城下之盟而已,连春秋时期的小国都以之为耻。陛下您以万乘之尊和人结城下之盟,这是件非常耻辱的事情啊!"

宋真宗听后,有些不痛快了,王钦若趁机对寇準痛下死手,又对皇帝说:"陛下听说过赌博吗?那些赌徒在钱快要输光的时候,就把最后仅剩的钱全拿来下注,这叫孤注一掷。当初陛下亲征未决时,寇準没有必胜的把握却劝您亲征。陛下,您就是寇準的孤注啊!"

从此,宋真宗对寇準就产生了疑虑和嫌隙,寇準渐渐失去了皇帝的信任,最终被贬,病逝于雷州。

知识拓展

孤注一掷

王钦若攻击寇准在澶州之战中的行为是"孤注一掷",《宋史·寇准传》中记载:帝愀然为之不悦。钦若曰:"陛下闻博乎?博者输钱欲尽,乃罄所有出之,谓之孤注。陛下,寇准之孤注也,斯亦危矣。"王钦若的意思是:寇准就像个赌徒,赌徒输急了,把所有家当都押上去,一把定输赢;而他的赌注,正是真宗皇帝。

成语"孤注一掷",现今比喻在危急时使出全部力量,冒险一试。

澶渊之盟后,辽国一方面因为内斗不断,统治不稳,另一方面也是感觉难以彻底灭亡宋朝,所以不再对北宋大规模用兵,宋辽两国的战事也就基本结束了,宋辽南北对峙并不交战的局面形成。

澶渊之盟结束了宋辽之间长达数十年的战争历史,"生育繁息,牛羊被野,戴白之人(白发长者),不识干戈",客观上达到了安定边境、休养生息的效果。尽管契丹贵族仍然认为宋朝是辽之大敌,但也认识到不能妄自对宋开战。自此100多年的时间里,宋、辽两国未发生过大规模战事,大体上维持着和平状态。

澶渊之盟后,北宋历任皇帝"忘战去兵""武备废弛",北宋军队原本就不怎么强,在多年荒废下更是不堪一击。更要命的是,北宋的武将因为没有效力之所,也没有锻炼的机会,不断被排挤,被边缘化,最终丧失了发言权,文臣独大。辽国虽然每年从北宋获得了大笔"岁币",但也和北宋一样,兵备松弛,内部腐化。与此同时,北方逐渐兴起了一支强大力量——女真。女真的铁骑和马刀,最终砍向了辽国,又对准了北宋，成为辽国和北宋的掘墓人。

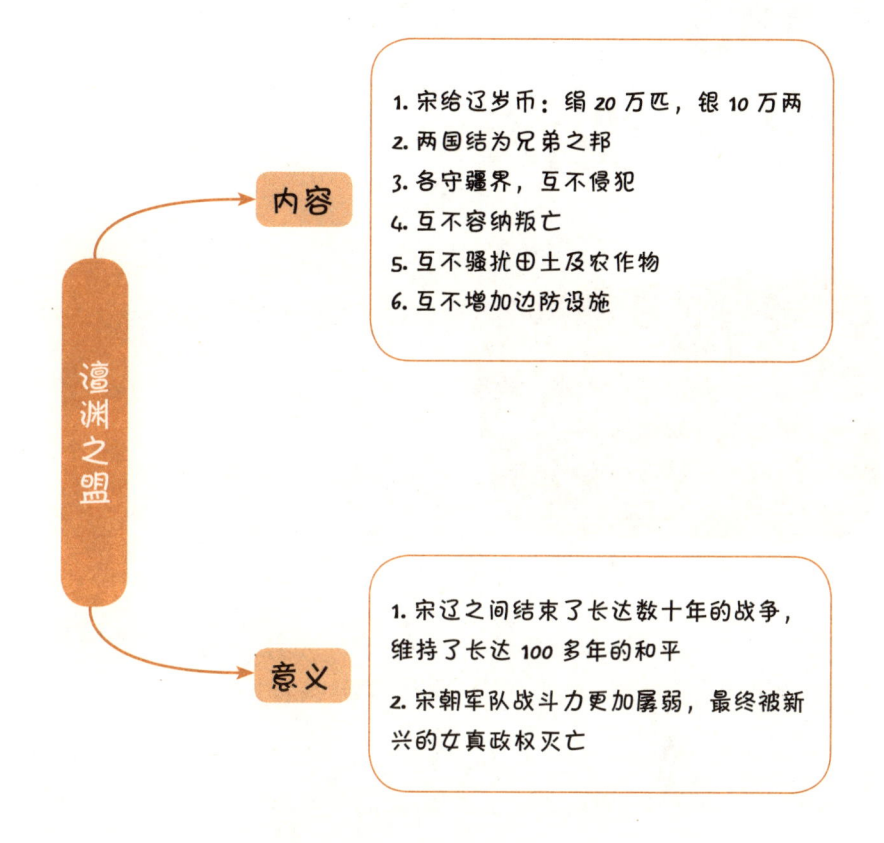

澶渊之盟

内容
1. 宋给辽岁币：绢 20 万匹，银 10 万两
2. 两国结为兄弟之邦
3. 各守疆界，互不侵犯
4. 互不容纳叛亡
5. 互不骚扰田土及农作物
6. 互不增加边防设施

意义
1. 宋辽之间结束了长达数十年的战争，维持了长达 100 多年的和平
2. 宋朝军队战斗力更加孱弱，最终被新兴的女真政权灭亡

澶渊之盟的内容和意义

08 王安石变法

> 王安石变法在一定程度上改变了北宋积贫积弱的局面,但新法触动了大地主阶级的利益,且在推行过程中也导致百姓利益受损,变法以失败告终。

王安石变法,又称"熙宁变法",是北宋著名的政治事件,也是中国历史上的一件大事。当时很多著名的人物,如王安石、司马光、欧阳修、苏轼等人,都卷入这场变法中,他们的命运因为这场变法而发生改变,北宋的历史也因为这场变法而发生改变。历史学家认为,王安石变法是中国古代史上继商鞅变法之后又一次巨大的政治变革运动。不同的是,商鞅变法成功地改变了秦国的国运,并为秦灭六国、统一天下奠定了基础;王安石变法却失败了。甚至有学者认为,王安石变法的失败加速了北宋灭亡。

王安石为什么要变法

王安石的头衔比较多，即便是在牛人如群星闪耀的北宋，王安石也是极为耀眼的那一个，他是著名的政治家、文学家、思想家和改革家。王安石无疑是与众不同的，他不仅仅是个文人，还是一个曾试图改变或挽救北宋命运的人。

到了北宋中叶，宋初为解决地方割据而采取的诸多措施，弊端逐渐显现。为了削弱官员的权力，北宋实行一职多官，造成官僚机构庞大；为抵御北方少数民族南侵，北宋实行"养兵"制度，形成了规模庞大且战斗力不足的军队。官员和军队的激增都需要花钱，再加上皇帝喜欢大兴土木，但国家没钱，于是产生了严重的财政危机，尤其到了宋真宗之后，国家陷入积贫积弱的局面。

澶渊之盟后，花钱买和平就成了北宋对外的基本操作。养官员要钱、养士兵要钱，面对虎视眈眈的北方少数民族，无论是战是和都得花钱。财政上

知识拓展

尧舜之所以为尧舜

王安石和人争论变法，怒说："你们反对变法，都是因为不读书。"有人反驳："皋陶这些人活着的时候，哪有什么书可读？"王安石默然。原来，王安石曾以尧舜时的贤臣皋陶等自许，而把反对变法的人比作"四凶"。他劝神宗要学尧舜，亲贤人、远小人。宋神宗问："何世无小人？虽尧舜之世，亦不能无四凶。"王安石答："尧舜之所以为尧舜，就是因为他们能分辨四凶，并且诛杀之。"

知识拓展

与士大夫共天下

宋神宗召见王安石和文彦博等议事,讨论变法。文彦博反对,说变法会失去人心。宋神宗答:"变法的话,士大夫们确实会不太高兴,但对百姓却没有不方便啊。"文彦博当即反驳:"为与士大夫治天下,非与百姓治天下也。"言下之意是:陛下您不要搞错了,您是和士大夫站一边的,而不是和百姓站一边的。后世因此称宋朝是"与士大夫共天下"。

的亏空使得北宋政府不断增税,除了延续唐代以来的"两税"(以地税和户税为主),各种名目繁多的苛捐杂税也是层出不穷。老百姓负担不起,再加上战争和自然灾害频发,很多人只能铤而走险,各地的农民起义此起彼伏。在王安石之前,"先天下之忧而忧,后天下之乐而乐"的范仲淹就想通过改革求生,但范仲淹主导的"庆历新政"短短一年多就失败了。到了宋神宗即位后,北宋王朝虽然表面上繁荣,其实已经"病入膏肓"了。

早在宋仁宗时期,王安石就曾上书皇帝提出变法,主张对宋初以来的法度进行全盘改革,革除积弊,扭转积贫积弱的局势,但宋仁宗没有同意。宋神宗即位后,想有一番作为,他首先想到了王安石。

在王安石看来,北宋国家贫弱的症结,不在于开支过多,而在于生产过少;农民之所以贫苦和不能从事生产,一方面是由于官僚富豪兼并了大量土地,另一方面是由于政府把繁重的徭役加在农民身上。因此,最好的理财富国之路,是依靠天下所有的劳动力去开发自然资源,积极开源,而不是消极节流。熙宁二年（1069年），宋神宗任命王安石为参知政事，轰轰烈烈的王安石变法就此开始。

王安石变法的主要内容

王安石变法首先从顶层设计开始，他在中央政府成立了一个制定新法的机关——"制置三司条例司"。三司是中央的财政机关，包括户部、度支、盐铁。在三司之上设置立法机关，表明王安石的新法是以理财为中心，推行"富国强兵"政策。以此立法机关为着力点，王安石先后推行了农田水利法、方田均税法、青苗法、免役法、均输法、市易法和保甲法等。

其中，农田水利法鼓励各地开垦废田，兴修水利，大规模的水利建设，由官府借钱。方田均税法，针对当时田产不实、赋税不均的弊病，由官府重新丈量土地，并按照土质肥瘠程度分等级规定税额。青苗法规定，各地政府在夏、秋未熟之前，借钱、米给农民，主要是贷给自耕农和半自耕农，收成之后加息十分之二还粮或还钱。这种措施是为了抑制民间高利贷，保护并赈济农民。免役法就是由国家出钱雇人充役，按户等收免役钱。那些原来可以免役的官户，也要按定额的半数缴纳，称为助役钱。这相对于过去所实行的把负担都转嫁到农民头上的差役法来说，在当时是一种较为进步的办法。

新旧之争与变法失败

中国历史上的变法，向来是失败的多，成功的少，这是为什么？因为改

知识拓展

王安石和韩琦

韩琦比王安石大10多岁，曾做过王安石的上级。王安石喜欢读书，经常通宵达旦，早上稍睡一会儿，脸不洗牙不刷，就匆忙赶去上朝。韩琦见了，以为他是夜里玩得太晚，劝他要少玩乐、多读书。王安石也不解释，回去后只说："韩公不懂我。"由此对韩琦成见很深。变法开始后，两人更是分歧不断，王安石不客气地指责韩琦："你这样做简直就是俗吏所为。"韩琦回答："你是真不知道，我本就是一个俗吏呀！"

革和变法，首先要触犯的是既得利益者的利益，而这个既得利益者，往往是占据了政治经济优势甚至是特权的那一群人。王安石的变法也不例外，变法从开始的那一天就触犯了保守派的利益，遭到了保守派的坚决反对。变法派和保守派围绕变法展开了激烈的辩论，最后变成了残酷的政治斗争。这场新旧之争，被称为"新旧党争"。

让我们来看看新旧两党都是哪些人。单论名气，新党最出名的就是王安石，其余成员有吕惠卿、曾布、章惇、韩绛等人。而旧党可以用"群星璀璨"来形容，司马光、韩琦、欧阳修、苏轼，都是当时非常有名的人物，而且在中国历史和中国文学史上，都有不可撼动的地位。新旧党争前后延续50多年，很多人被卷入这场争斗中，原本的变法，最终成了"党同伐异"。旧党司马光上台后，废止王安石变法，将变法派打成"元丰党人"；新党蔡京上台后，又把反对变法的人打成"元祐党人"，还发挥其书法特长，搞了一个"元祐党籍碑"，将司马光、文彦博、苏辙、苏轼、黄庭坚、秦观等309人列为奸党，并把他们的姓名刻石颁布天下。

平心而论，王安石变法虽然用人不当，但其很多措施确实能改变北宋积贫积弱的局面。但正是他的用人不当，将这场变法最终演变成党争，不但没有挽救北宋，反而将北宋政治搞得一塌糊涂。王安石的变法举措，其实是能站得住脚的，甚至连最反对他的司马光，也拿不出"实锤"来反对王安石变法，只能对皇帝说："闽人狡险，楚人轻易。今二相皆闽人，二参政皆楚人，必将援引乡党之士，充塞朝廷。天下风俗，何以得更淳厚？""闽"是福建，"楚"指江西，铁杆的反对派司马光，都只能用"地域攻击"来反对变法。

卷入这场新旧党争中，最无奈的人是苏轼。他本人与王安石是好朋友，王安石变法开始时，苏轼并不反对。但随着变法的深入，尤其是王安石在变法中用人不当，使得苏轼慢慢转变了态度。王安石变法中有一条是要推行教育改革，兴建学校，取消诗词考试、改考经义论策等对治世有用的科目。作为大诗人、大词人的苏轼当然反对，苏轼由此变成了反对派。司马光当权后，开始废除王安石变法，苏轼的态度又变了，他对司马光说，变法要一分为二地

知识拓展

司马光和吕惠卿

司马光和王安石直接碰面少，反而和变法的二号人物吕惠卿经常"交手"。宋神宗夸赞吕惠卿是"美才"，司马光答："这个人人品不行。王安石如今的坏名声，就是因为他。"司马光还写信给王安石告状：吕惠卿将来一定会背叛你。一次，司马光和吕惠卿因为变法的事又吵了起来，差点儿要动手干架。被制止后，司马光神色如常，跟没事人一样；吕惠卿修养差了些，依然怒火难抑。有人说："一个山西人（司马光），一个福建人（吕惠卿），怎么可能合得来呢！"

知识拓展

苏轼与章惇

苏轼被宰相章惇贬到广东惠州，北方少有他的音信，于是社会上谣传他已经死去。几年后，章惇失势，被贬到广东雷州，苏轼则官复原职，回到北方。南昌太守叶祖洽见到苏轼，问道："社会上传说先生已经去世，怎么至今还在人间游戏呢？"苏轼答："去黄泉的路上遇到了章惇，于是就返回来了。"

看，有些变法举措利国利民，应该继续推行，甚至在朝会时与司马光争论了起来。文人如斯，两头不讨好，作为文学家的苏轼，非得蹚北宋政治的浑水，难怪他无论是新党执政，还是旧党当权，都是倒霉的那一个。

王安石变法的根本目的是要改变北宋积贫积弱的局面，增强对外防御、对内弹压的能力，以巩固和加强封建统治。变法断断续续实行了17年，在这期间，每项新法在推行后，虽然都不免产生了或大或小的弊端，但是基本上都能收到一些效果，在一定程度上起到了"富国强兵"的作用。但变法过程中，因为用人失误，也出现了新法危害百姓的现象，造成扰民、损民的后果。

《宋史·王安石列传》中有这么一句话，"天变不足畏，祖宗不足法，人言不足恤"。"天变不足畏"指的是对自然界的灾异不必畏惧；"祖宗不足法"是指对前人制定的法规制度不应盲目效法，"人言不足恤"指的是对流言蜚语无须顾虑。这句话虽然不是王安石说的，却非常符合王安石的思想和性格。在民间文学作品中，王安石被称为"拗相公"，以揶揄王安石变法。这其实是不公允的。王安石作为中国历史上杰出的改革家,虽然变法失败了,甚至在很长时间里,史学界对于王安石变法持"否定"态度,但王安石变法改革的精神,一直在激励着中国人。

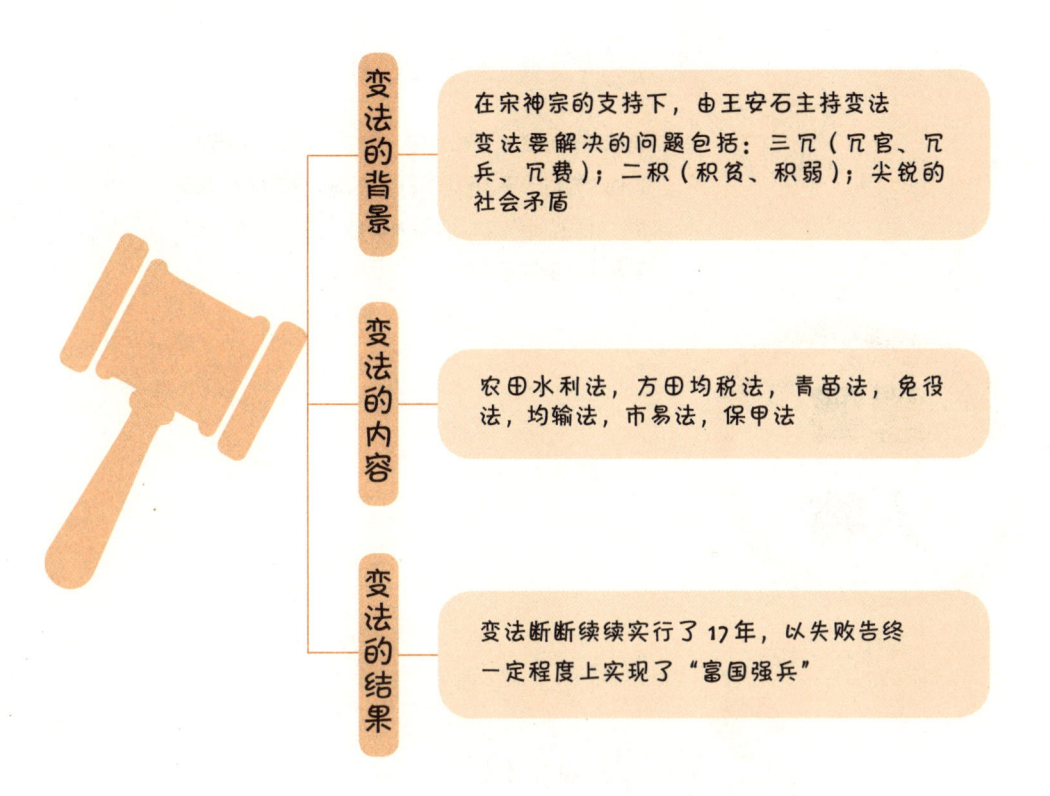

变法的背景	在宋神宗的支持下,由王安石主持变法 变法要解决的问题包括:三冗(冗官、冗兵、冗费);二积(积贫、积弱);尖锐的社会矛盾
变法的内容	农田水利法,方田均税法,青苗法,免役法,均输法,市易法,保甲法
变法的结果	变法断断续续实行了17年,以失败告终 一定程度上实现了"富国强兵"

关于王安石变法

单元总结

重要人物

1 赵普 以天下为己任

北宋开国元勋,任相多年,史书上对他评价很高,赞他"能以天下为己任"。可以说,宋朝300余年里,"偃武而修文,慎罚而薄敛"这一基本原则,就是赵普确定下来的。

2 寇準 毁誉不同

寇準出身富贵,少年得志,生活奢侈。在他之后有一位宰相夏竦(sǒng),因为生活奢侈而饱受非议。夏竦很委屈,问门客:"为什么同样是生活奢侈,人们却指责我而不指责寇準?"门客回答说:"寇公在喝酒时,有一个县令路过,寇公当即邀请县令一起喝,丝毫没有宰相架子;而您呢,喝酒只邀请官大的、升官的,从不邀请官小的、被贬的。"所以当时的人都赞誉寇準,而批评夏竦。

3 韩琦 三朝元老

宋仁宗、宋英宗、宋神宗时期的三朝名臣，甚至宋英宗、宋神宗都是韩琦扶立的。韩琦曾和范仲淹以文人领军，抵抗西夏，人称"韩范"；又和范仲淹、富弼等推行"庆历新政"。

4 范仲淹 划粥断齑（jī）

北宋杰出政治家、文学家，"庆历新政"主导人物之一。范仲淹很小的时候父亲就去世了，他随母亲和继父长大。他家境贫寒，在寺院读书时，经常是煮一锅稀粥，粥冷却凝固后划成四块，一天就靠这四块粥和一点腌菜度日。齑，腌菜；成语"划粥断齑"就是这么来的，形容生活贫穷。

5 富弼 洛阳才子

宋仁宗、宋神宗时的宰相。少年成名，有"洛阳才子"之称，范仲淹称之为"国士"，并亲自做媒，让富弼娶了宰相晏殊的女儿。富弼也是"庆历新政"的主导人物之一。苏轼将韩琦、范仲淹、富弼、欧阳修四人并称为"人杰"。

重要人物

6 文彦博 长寿贤相

文彦博科举进士出身，带过兵、做过宰相，一生出将入相 50 年，活到了 90 多岁。宋神宗向他请教养生秘诀，文彦博回答："我不过是顺其自然、自得其乐罢了，不因外物而生气，凡事适可而止。"

7 狄青 面涅将军

狄青常戴着铜面具，作战勇猛，敌兵见之即逃，人称"面涅将军"。狄青爱护士兵，很得军心，士兵每次得到衣物粮食，都说："这是狄家爷爷赏赐的。"朝廷以此为患，将他贬职。狄青不满，向朝廷申诉，宰相文彦博直截了当地告诉他："没有其他原因，只是朝廷有些怀疑你罢了。"

8 王安石 囚首丧面

著名政治家、改革家、文学家。王安石性格执拗,他认准的事谁也阻拦不了,当时人称"拗相公"。王安石还特别不注意仪表,苏洵因此嘲讽他是"衣臣虏之衣,食犬彘之食,囚首丧面"。意思是,王安石穿奴仆穿的衣服,吃猪狗吃的食物,头发乱得像个囚犯,脸上脏得如同居丧。但王安石不修边幅的缺点,并不能折损他身上的诸多优点。

9 吕惠卿 新党核心

王安石变法中的二号人物,新党核心,新旧之争中的急先锋,为推动变法做出了许多贡献。早年与王安石情同师徒,当时的人把王安石比作孔子,把吕惠卿比作颜渊,后来他们却反目成仇。

10 章惇 变法健将

章惇在历史上的评价毁誉皆有,有功有过。他和苏轼关系很好,一次出游时过一处险桥,苏轼不敢过,章惇则神色如常,平步而过。苏轼说:"你一定敢杀人。"章惇问:"为什么?"苏轼说:"能够自己拼命的人,也就不会在意别人的命。"章惇大笑。

重文轻武，积贫积弱，在强敌环伺中艰难生存

第二章

多国对峙与南宋偏安

01
契丹的崛起与辽国的建立

> 916年,耶律阿保机建立契丹国;947年,耶律德光在汴京称帝,改国号为"大辽";1125年,辽被金朝所灭。

辽太祖耶律阿保机

在北宋的北方,长城之外,广袤的草原之上,契丹人建立的辽国政权,长期与北宋对立,对北宋政权一直存在巨大的威胁。双方的战与和,长达100多年,对北宋的政治和军事造成了巨大影响。中国民间流传着"杨家将"的故事,"杨家将"所对抗的敌人就是强大的辽军。

契丹的崛起

契丹族是中国古代北方的游牧民族，发源于中国的东北地区，过的是半游牧半农耕的生活。最初契丹族分为8个部族，唐代时逐渐统一，形成了契丹大贺氏联盟。唐太宗时，为了便于管理契丹部族，曾设立松漠都督府，并赐其李姓。后来随着突厥的兴起，大贺氏联盟瓦解，并依附于后突厥汗国。唐代天宝年间，后突厥被回纥（贞元四年改称回鹘）所灭，契丹人又依附于回纥。到了唐代末年，契丹族出现了一个首领，名叫耶律阿保机，他统一了原本分散的契丹各部，建立了政权，国号契丹。

关于耶律阿保机的出生，《辽史》中的记载颇为神奇：耶律阿保机的母亲梦见太阳坠入自己的怀中，之后便怀孕了。耶律阿保机出生时，屋子里还有神光环绕。这种传说并不可信，因为耶律阿保机的童年是悲惨的，他的祖父死于残酷的政治斗争，父母及亲人相继逃亡。年幼的耶律阿保机由祖母养大，

知识拓展

辽人也是人

宋哲宗是宋神宗的儿子，他登基时才10岁。辽国使者来朝见时，大臣蔡确担心皇帝年纪小，第一次见到辽国人会害怕，特意在接见的前一天，给宋哲宗普及辽国人的长相如何怪异，举止行为特点等。反复说了很多，宋哲宗一言不发，突然面色一正，问："辽人也是人吗？"蔡确回答："当然是人，非我族类罢了。"宋哲宗说："既然是人，怕他做甚？"

为了躲避仇人的追杀，他经常蓬头垢面地躲在别人家帐篷里。直到后来耶律阿保机的伯父耶律释鲁掌权，他的生活才稍微安定下来。但耶律阿保机从小就表现出过人的政治才能，深得耶律释鲁的信任，耶律释鲁还让他掌管自己的侍卫亲军。耶律阿保机正是凭借这支精锐的军队迅速崛起，成为契丹族新兴的政治力量。

耶律释鲁在当时的契丹部落中担任于越（官名，相当于宰相），权力仅次于可汗。耶律释鲁去世后，耶律阿保机继承了他的职务，并在唐末的战争中羽翼渐丰。唐朝快要灭亡的时候，耶律阿保机曾应河东节度使李克用之邀，出兵云州，与李克用结为兄弟，约定一起讨伐梁王朱温和卢龙节度使刘仁恭。但耶律阿保机并不想替李克用"打工"，于是在击败刘仁恭，攻占了几个州县，抢掠了大量人口和财物后，便回到了契丹部落。

回部落后的耶律阿保机，先是统一了契丹族内部的其他部族，又迫使东北的女真部归附。不久，契丹族可汗去世，耶律阿保机被推选为新的可汗，成为契丹八部的首领。按照契丹的传统制度，可汗之位是推选的，任期只有3年，且不能世袭。作为一个参与过唐末战争，见识过中原王朝制度的人，耶律阿保机的梦想是当皇帝，他追求的是像汉人建立的封建王朝那样的终身制和世袭制，所以在可汗任期满3年后，耶律阿保机不肯交出大权。这一行为引起其他贵族的不满，最先起来反对他的是本族兄弟。为此，耶律阿保机不惜向自己的兄弟们下手。在经过数次战争，叛乱与降服，再叛乱再降服，直到最后痛下杀手，耶律阿保机最终消灭了本部族内的反对力量，但也付出了沉重的代价。

契丹的其他7个部族见耶律阿保机实力受损，便以恢复旧的可汗选举制度为旗号，逼迫耶律阿保机交出可汗之位。耶律阿保机以退为进，先是交出了象征可汗地位的旗鼓，然后对众人说："我当了9年的可汗，下属中有很多汉人，他们只愿意追随我，我想带着自己的部族治理汉人，建立汉人城市，可以吗？"众人不知是计，答应了耶律阿保机提出的要求。耶律阿保机带领汉人建立城市，耕种土地，并依靠汉人的技术经营制盐和冶铁，经济也发展了起来。

很快，耶律阿保机的部落军事实力和人口数量重居契丹八部之首，且其他七部都要由耶律阿保机提供盐铁。后来，耶律阿保机的妻子述律平给他出了一个主意，用现在的话说就是"斩首行动"。他派人向各部族的首领说："我的盐池产盐，供给你们的部落吃，你们只知道吃盐方便，却从来不知道盐池是有主人的，而盐池的主人就是我，你们应该来犒劳我。"其他部族的首领便带着牛羊和美酒来犒劳耶律阿保机，耶律阿保机在宴会上布下伏兵，趁着大家喝得烂醉如泥的时候，将各部落的首领全都杀死，再次统一了整个契丹部落。

916年，耶律阿保机建立契丹国，如愿以偿当上皇帝，定都上京（今属内蒙古赤峰），并参照汉人政权的建制设立官制，在上京城中建起孔庙、佛寺和道观，学习汉人的文化。耶律阿保机还命人参照汉字，创制契丹大字；参照回鹘文和汉文，创制契丹小字。这些举措对契丹文化的发展和传播影响深远，至今俄语中"中国"的发音仍为"契丹"。为了扩展疆域，耶律阿保机发动东征渤海国的战争，统一了渤海全境，并在黑龙江和乌苏里江流域设置官府，施行有效的管理，结束了唐末之后东北地区的分裂局面。在征服渤海国后，耶律阿保机死于班师回朝的途中，虽然辽国并不是耶律阿保机所建，但他是奠基人，后世尊其为辽太祖。

耶律德光建立辽国

耶律阿保机死后，其次子耶律德光继位。有一个人与耶律德光关系非同寻常，这人就是"儿皇帝"石敬瑭。936年，后唐河东节度使石敬瑭在晋阳（今山西太原）发动叛乱，但自己实力不够，面对后唐军队的围攻，石敬瑭只得求助于契丹。契丹给出的条件便是，石敬瑭认契丹皇帝耶律德光为父，割让幽云十六州给契丹，且每年输送绢帛30万匹。要知道石敬瑭比耶律德光还

知识拓展

断腕太后

辽太祖耶律阿保机死后，皇后述律平为掌控政权，以陪伴先帝的名义，把一些追随太祖的重臣都杀了。有人问她："先帝最亲近的人莫过于你，你怎么不去陪伴先帝？"述律平回答："儿女幼弱，国家无主，我暂不能去地下陪先帝。"说完便砍下自己的右手，以手代葬。后人因此称她为"断腕太后"。

大10岁，但后唐大军兵临城下，石敬瑭已顾不上这些了。最终，契丹出兵，在晋阳城下击败了后唐军队，耶律德光以契丹皇帝的名义册封石敬瑭为大晋（史称后晋）皇帝。

从此，中国历史上有了一对前无古人、后无来者的"活宝"：父皇帝耶律德光，儿皇帝石敬瑭。石敬瑭的这种做法，就连他的亲信也看不下去，部将刘知远（即后汉开国皇帝）对他说："请求契丹出兵，称臣就可以了，认爹这种事太过分了。至于许诺土地，切不可行，给点钱财就可以了，不然以后恐怕会是'中国之患'，后悔都来不及。"刘知远一语成谶，在失去幽云十六州后，中原政权失去了北方的屏障，在与北方少数民族政权的战争中吃尽了苦头。

或许是觉得太憋屈，没过几年石敬瑭就死了，他的养子石重贵继位。这个名分该怎么算呢？石重贵想了很久，最后觉得，在辈分上可以吃点儿亏，但在利益上不能吃亏，作为契丹的臣子（属国），各种孝敬太多，后晋国实在是拿不出来了。于是，他即位后在给耶律德光的国书中，自称为孙，并不称臣。为此，他还专门派出大臣向耶律德光解

释:"先帝石敬瑭确实是契丹所立,但石重贵的皇位是大晋朝自己册立的,皇帝还是可以在名分上给你称孙,但称臣纳贡就不必了。"耶律德光对此并不满意,就有了南征灭掉后晋国的念头。

944年,耶律德光派兵攻打后晋,双方互有胜负,这场战争打了3年。946年12月,契丹攻破后晋的都城开封。947年1月,耶律德光以中原政权皇帝的仪仗进入开封,在崇元殿中接受百官的朝贺。一个月后,耶律德光下诏,将国号"大契丹国"改为"大辽",耶律德光就是辽太宗。

辽国强大的时候疆域极其辽阔,东至日本海,西至阿尔泰山脉,北至额尔古纳河、外兴安岭,南到河北中部的白沟河。有意思的是,契丹族作为一个游牧民族,在不断南进的过程中,也吸收了农耕技术,有其农耕文化的一面。但为了保持其民族性,契丹将游牧民族和农耕民族实行分开管理,因俗而治,搞出一套"两院制"来,北院管理游牧民族,南院管理农耕民族。如果从耶律阿保机907年成为契丹大汗算起,契丹(辽)政权一共经历了9个皇帝,存在218年,时间并不算短。

知识拓展

耶律氏和萧氏

辽太祖推崇西汉开国皇帝刘邦和宰相萧何的故事,给自己取了个汉名——刘亿(因此后世耶律氏改汉姓为刘),并将妻子述律平一族赐姓萧,规定皇后只能从萧氏一族中产生。萧氏因此成为仅次于耶律皇族的权贵势力。在辽国200多年的历史上,只有辽世宗的皇后甄氏为汉族人而不是出自萧氏;后来为了平息萧氏的不满,辽世宗还另立了一个萧氏女子为皇后。

02
女真族的崛起与金国的建立

> 两宋之交,女真族人完颜阿骨打建立金朝,与南宋对峙百余年。金灭掉了辽国,后为蒙古所灭。

完颜阿骨打

"螳螂捕蝉,黄雀在后",用这句话来形容北宋、辽与金的关系,最为恰当了。北宋与辽陷入长达百余年的战与和时,在辽国的背后,中国的东北地区,又一个新崛起的少数民族建立了政权,这个政权,先后灭了辽国和北宋。这个民族就是女真族,政权的名称为金。

女真族的崛起

女真族，别名朱里真、女贞、女直，就是后来的满族。辽人曾说："女真兵若满万则不可敌。"这句话说的就是女真族非常强大。

女真族曾是契丹（辽）的附属，分为熟女真和生女真。当时，辽国对女真族的政策是"分而治之"。他们把强宗大姓迁至辽东半岛，编入契丹国籍，称为"合苏馆"（也作"曷苏馆"），是女真语"藩篱"的意思，这些人就是熟女真。另一部分留居粟末水（松花江北流段）之北、宁江州（今吉林扶余石头城子）之东，且未编入契丹国籍，这些人就是生女真。

辽国对女真族实行民族压迫政策，不但逼迫女真人称臣纳贡，还强迫女真人为他们打仗。女真人向辽国缴纳的贡品中，有一种很独特的动物，名叫海东青。海东青是一种猎鹰，在女真人心中具有某种图腾性质。女真贵族喜欢一种奢侈的装饰品——北珠，这种珍珠主要出产于东北地区，每年农历八月是北珠的成熟时期，但从九月开始，东北地区就进入了严寒的冬季，海边往往覆盖着厚厚的冰层，人们无法破冰入海，捕蚌取珠。而当地的一种天鹅则以蚌为食，它们吃了蚌之后，将珠藏于嗉内，这时候，人们只要放出海东青捕杀天鹅，就能够得到北珠。为此，辽国不断派出官员向女真族索要海东青，为了获取女真人驯养的海东青，辽国不惜出动军队掠夺。因为海东青，女真人恨死了辽国，时刻盼望有一个人能带领他们战胜辽国，不再受奴役。而这个人终于出现了，他就是完颜阿骨打。

完颜阿骨打

完颜阿骨打，1068年出生于会宁府会宁县（今黑龙江哈尔滨）。这时的女真各部还处于四分五裂的局面，完颜部通过战争和联姻，组建了一个包含30多个部落的联盟。完颜阿骨打的父亲和哥哥，都曾担任这个部落联盟的首领，并最终把这个位置传给了完颜阿骨打。

完颜阿骨打小时候力气很大，成年后作战英勇，且素有大志。他不甘心只做一个小小部落的酋长，总是想找机会将女真所有部落团结起来，共同对抗辽国。他当上完颜部首领后不久，有一次辽国天祚帝耶律延禧前往混同江（今松花江）钓鱼，驻跸（bì）在春州。按照惯例，周边所有的女真部落首领，都要前去觐见。天祚帝赐宴招待这些女真首领，酒过三巡，天祚帝命令这些首领依次跳舞，以助酒兴。轮到完颜阿骨打的时候，他死活就是不肯跳。天祚帝很生气，对大臣萧奉先说："完颜阿骨打这个人气度不凡，举手投足间不同于常人，我们应该找个借口杀掉他，否则，将来必定是辽国的大患。"

萧奉先却说："这人一看就是个粗人，野蛮而不懂礼仪。他又没有犯什么大罪，如果我们无缘无故地杀掉他，恐怕会引起其他女真部族的不满。再说了，就算他有什么野心，凭他小小部族的实力，也掀不起什么大风浪来。"天祚帝觉得萧奉先说得有道理，只得作罢。

1114年，天祚帝按照惯例，授予完颜阿骨打节度使之职。此时的辽国，虽然表面上还很强大，但因为激烈的内部斗争和常年与北宋对峙，国力已经大不如前了。完颜阿骨打眼见辽国的衰败，决心举兵反抗辽国的统治。果然，外强中干的辽国人不是女真人的对手。1114年9月，完颜阿骨打率领

2500多名女真士兵进攻辽国防御和控制女真人的军事重地——宁江州。天祚帝得知消息后却没有放在心上，仅派海州刺史高仙寿统率的渤海军前去支援。同年10月，女真军攻破宁江州城，辽国大败。之后，在出河店（今黑龙江肇源西）之战中，女真军战胜辽军，并相继占领了辽国大片土地。1115年，完颜阿骨打自己做了皇帝，建立政权，国号"大金"。

据说在定国号时，完颜阿骨打对大臣们说："辽以镔铁（契丹是镔铁的意思）为号，取其坚也。镔铁虽坚，终亦变坏，唯金不变不坏。"所以定国号为金。也有一种说法认为，完颜阿骨打建立的女真王朝并没有国号，直到与北宋达成海上之盟时，宋朝以火德自居，建议女真以"金"为国号，火克金，北宋想借此来压住女真；而女真并不了解汉文化中的五行说，稀里糊涂地就用"金"做了国号。按照后一种说法，北宋王朝是想以火克金，但最终却是北宋为金所灭。

女真建国后，与辽国进行了长年战争，并不断削弱辽国的实力。1120年，北宋派使者从山东登船，穿越渤海，绕

> 知识拓展

出河店大捷

宁江州失守后，天祚帝任命萧嗣先率领7000余人（号称10万余人）到达出河店，与女真隔着混同江对峙。1114年11月，完颜阿骨打亲率3000多骑兵，连夜奔袭，渡江偷袭辽军。两军在出河店交战时，突然刮起大风，风沙遮天蔽日，完颜阿骨打趁势追击，打败辽军，并缴获了大量车马、武器。这是历史上以少胜多的经典战例，后世把这场战役称为"出河店大捷"。

知识拓展

"六如给事"与"四尽中书"

北宋末年,金国军队的强大给宋朝臣民造成了极大的压力。宋徽宗时,给事中李邺出使金营,回来后用了一连串比喻来形容金兵:"人如虎,马如龙,上山如猿,入水如獭,其势如泰山,中国如累卵。"人们给他取了个绰号"六如给事"。

金军围困开封时,向宋朝索要赔偿,中书侍郎王孝迪号召城内百姓捐献,以满足金人的要求,否则一旦城破,必将"男子杀尽,妇人虏尽,宫室焚尽,金银取尽",时人称其为"四尽中书"。

过辽国,来到辽东,与金国达成共同对付辽国的盟约,这就是历史上著名的宋金"海上之盟"。根据这个盟约,金国与北宋同时展开了对辽国的战争。不同的是,金国军队节节胜利,很快就攻占了辽国首都,而北宋军队面对辽国的残兵败将,作战屡屡失利。孱弱的北宋军队,让金人看到了可乘之机,在辽国灭亡后不久,金人继续南下,攻入北宋首都开封,宋徽宗被俘,北宋灭亡。

金与南宋的对峙

在金灭掉辽和北宋之后,南宋建立,南北对峙的局面再次出现。金王朝作为北方的实际统治者,前后长达100多年,疆域东北到今日本海、鄂霍次克海、外兴安岭,西北到今蒙古国,西以河套、陕西横山、甘肃东部与西夏接界,南以秦岭、淮河与南宋接界。

在政治上,完颜阿骨打在刚建立金朝时,采取的是贵族合议的勃极烈制度,皇位继承方式是兄终弟及。后来,随着汉化程度的加深,逐渐由二元政治走向单一汉制。在军事上，金朝采取军民合一的猛安谋克制度，三百户为一谋克，十谋克为一猛安。值得一提的是，金朝是历史上第一个提出了"中华一统"的朝代，或许，这也是女真及其后裔能两次入主中原，建立政权的原因吧。

金朝刚建立不久，完颜阿骨打就命令宰相完颜希尹创造了女真文字。在此以前，女真没有文字，与邻族交往都借用契丹字。完颜希尹根据由汉字改制的契丹字，拼写女真语言，制成女真字并在全国颁行。女真字的颁行，对金国政治、经济、文化的发展产生了巨大影响。另外，金继承了辽的五京之制。天眷元年（1138年）金熙宗把金的国都称为上京会宁府（今黑龙江省哈尔滨市阿城区），改辽的上京为北京。皇统九年（1149年）完颜亮刺杀堂兄金熙宗夺得帝位，史称海陵王。金贞元元年（1153年）海陵王迁都燕京，称为中都大兴府（今北京），同时废除上京会宁府，改汴京为南京开封府（今河南开封），改中京大定府为北京大定府（今内蒙古宁城西大明镇），于是连同原有的东京辽阳府（今辽宁辽阳）和西京大同府（今山西大同），合称五京。后来金世宗于大定十三年（1173年）又升置会宁府为上京，此后金为六京之制。

1234年，金朝被蒙古人所灭。有意思的是，就如同当年北宋联合金灭辽一样，这一次，南宋又联合蒙古灭金。同样的"配方"，熟悉的"味道"，蒙古在联合南宋灭金后，马蹄并没有就此停止，而是继续南下，灭掉了南宋。在同一件事情上，犯两次错误，先后造成北宋和南宋的灭亡，历史就是这么无情地巧合。

03
党项人与西夏政权

> 1038年,党项人李元昊建立西夏。西夏前期和辽、北宋并立,后期与金朝并立,最终为蒙古所灭。

李元昊

党项族是中国古代西北部的少数民族,属于羌族的一支,也被称为"党项羌"。到了唐代,党项形成了8个部落,其中以拓跋氏势力最为强大。党项人逐渐迁移到了今天的甘肃东部和陕西北部一带,但仍然以松散的部落为主。唐代中央王朝也曾在党项人聚居的地方设置过专门的官府进行管理,一些党项族部落的首领还被唐王朝任命过地方官职。到了唐朝末年,黄巢起义爆发后,拓跋氏达到极盛,其首领拓跋思恭带领党项人,逐渐走入中国历史舞台的中心。

从拓跋姓到李姓

党项人作为一支独立的政治力量参与中原王朝的纷争，得从唐僖宗时期爆发的黄巢起义说起。880 年，黄巢攻破长安（今陕西西安），唐僖宗逃到了成都，关中大乱。丢失了首都的唐僖宗下诏，号令天下勤王、夺回长安。此时的党项拓跋部首领拓跋思恭，名义上是唐王朝的宥（yòu）州（今内蒙古鄂托克前旗城川镇）刺史，他率领几万兵马，也参与到镇压黄巢起义的战争中。不过，他的实力与其他勤王部队相比不算太强，唐僖宗也没把他太当回事。在战争初期，拓跋思恭也就是在一旁"打个酱油"。在与黄巢的数次战斗中，拓跋思恭基本没占到什么便宜，屡次被黄巢的部将所击败，不过他屡败屡战，每次战败都能跑回老家，再拉起一支队伍来。

唐僖宗看拓跋思恭特别卖力，大为感动，给他的军队赐名为"定难军"，并授予他京城南面都统、检校司空、同

知识拓展

神秘的西夏

西夏于 1038 年建立，1227 年灭亡，其间共有 10 位皇帝。由于西夏对蒙古军队的誓死抵抗，灭亡后，西夏文明遗产在蒙古人的洗劫下毁灭殆尽，留给后人的只有一个又一个的谜。元人修史时修了《宋史》《辽史》《金史》，唯独没有《西夏史》。直到 1972 年被世人誉为"神秘的奇迹""东方金字塔"的西夏王陵被发现，世人才对它有了一点儿了解。

中书门下平章事的职务，甚至还一度授予他空头的"京兆尹"之职。随着沙陀族李克用率兵加入镇压黄巢起义的战争中并接连获胜，拓跋思恭也跟着有了起色，他屡次击败黄巢军队，并最终和李克用一起攻入长安，收复了唐王朝的首都。黄巢起义被镇压后，唐僖宗觉得拓跋思恭在平定叛乱的战争中出力很大，且颇有战功，便加封他为太子太傅，晋爵夏国公，官拜夏州节度使，并赐予他李姓。拓跋思恭变成了李思恭，而他的后代也从此姓李，夏国公和夏州（今陕西靖边东北白城子）节度使，也成为他的子孙建立西夏王朝的缘起。

自李思恭之后，党项人有了自己的大片领地，其管辖的地域包括夏、银（今陕西榆林东南）、绥（今绥德）、宥（今靖边东）、静（今米脂东）等五州，且握有兵权，成为唐末至五代十国时期很有实力的藩镇之一。不过，在整个五代十国期间，李思恭的后代一直处于内乱之中；直到北宋建立后，在辽与北宋的对峙中，李思恭的后代李继迁两边讨好，用尽了各种手段，实力有所增强，地盘有所扩张，并自称夏王。值得一提的是，北宋王朝对他的拉拢也是不遗余力，甚至还玩起了赐姓这套把戏。在宋史中，这位李继迁被称为赵保吉，"赵"是大宋官家的那个"赵"。李继迁有一个孙子在中国历史上大名鼎鼎，他就是西夏王朝的建立者，西夏国开国皇帝李元昊。

"青天子"李元昊

李元昊，1003年出生于灵州（今宁夏境内），在他出生的第二年，祖父李继迁在同吐蕃的战争中阵亡，父亲李德明继位为夏王。李德明延续了李继迁"联辽睦宋"的策略，在辽国和北宋两个强国的夹缝中，左右逢源。对此，李元昊很不理解，他特别反感父亲向宋称臣，质问父亲为什么不对宋朝用兵，劫掠土地和人口，李德明不做正面回答，解释道："我们的士兵一直征战都很疲惫了，我们这些人几十年锦衣玉食都是大宋王朝的恩德，不可以辜负！"李元昊驳斥道："穿着皮毛做的衣服，从事畜牧工作，我们这样的人就应该马上征战，称王称霸，要锦衣玉食做什么？"

李德明死后，李元昊继位，他相继占领了东至黄河，西到玉门关，南临萧关（今宁夏固原东南），北到沙漠，方圆2万余里的地方，实际上已经初步形成了与北宋、辽国三足鼎立的局面。为了争取贵族阶层和普通党项人的支持，李元昊搞了一个"复古运动"，认祖归宗"鲜卑拓跋"，恢复旧俗，颁布秃发令。他自己先剃了个光头，穿耳洞戴耳环，说这是祖先的打扮，并勒令所有党项人一律"秃发"，不服从的，人人得而诛之。一时间，所有党项人都恢复成了祖先的"秃发"。为了表示与中原王朝的决裂，李元昊抛弃唐王朝赐封的"李"姓，宋王朝赐封的"赵"姓，他自己干脆改姓"嵬名"，自称"吾祖"，"吾祖"是党项语，意思是"青天子"。

知识拓展

落第秀才张元

张元是宋朝人，参加科举屡试不第；也有说法是他考到了殿试这一关，结果在殿试中被刷了下来。总之张元很生气，一气之下去西夏投靠了李元昊，成为西夏的军师、宰相，帮助西夏打宋朝。宋朝视其为国之大患。因为这件事，宋朝改革了科举制度：以前，殿试跟州试、省试一样，有落榜率；现在，殿试不设落榜率了，参加者百分之百被录取。

1038年，李元昊在兴庆府（今宁夏银川）登基，自称皇帝，建国号"大夏"，并向北宋递交国书，要求北宋承认他的皇帝称号。北宋给他的答复可想而知，宋仁宗下诏"削夺赐姓官爵"，停止互市，别说承认李元昊做皇帝，连生意都不跟他做了。李元昊心想，既然你不承认，那我就打到你承认，西夏与北宋的战争就这样不可避免地爆发了。李元昊先后发动了几次战争，其中规模较大的有三川口之战、好水川之战、定川寨之战。北宋军队的战斗力真的不怎么样，三战皆败，北宋宰相吕夷简甚至惊呼："一战不如一战，真是太可怕了！"

因为战争的胜利，李元昊志得意满，甚至放出话来："我要带着兵杀入长安城，占据长安。"让李元昊没有想到的是，战争只是政治的一部分，虽然李元昊发动的数次对宋战争都取得了胜利，但并没有给西夏国带来实质上的好处。相反，因为战争，宋朝停止了对西夏国的"岁赐"，也就是说，以前北宋用金钱、布匹和粮食换取和平，现在不给了。并且北宋关闭了边境的榷场（交易关口），对西夏国实行严厉的经济制裁，不仅不再向西夏出口粮食、布匹、茶叶及各种生活用品，还不再进口西夏的青盐，断绝了西夏最大的收入来源。西夏国因此失去了大量的经济实惠，本身生产能力严重不足、国小地窄的西夏国内物资奇缺，物价飞涨，民不聊生。

更要命的是，西夏国内因为连年战争，民穷财尽，内部矛盾激化，有人开始谋划推翻李元昊的统治。无奈之下，李元昊只能选择停止对宋战争，谋求议和。当然，还有一个原因是，辽国看到西夏与北宋连年交战，利用两国的矛盾，从中获利。这让李元昊十分不爽，他也明白，再这么耗下去，辽国说不定会趁火打劫。于是，经过长达一年多的谈判，在1044年，西夏与北宋最终达成了和平协议，北宋每年赐绢13万匹、银5万两、茶2万斤给西夏，并恢复了互市。李元昊以"西夏主"的名义向北宋称臣。考虑到面子问题，北宋派遣到西夏的使节，不允许进入西夏的都城，免得李元昊要用臣子之礼来接待宋朝使者。

刚跟北宋斗完，李元昊又陷入了与辽国的战争。西夏与辽国的战争，其根源是北宋、辽、西夏三国鼎立的局面，此消彼长，夏宋战争，辽国得利，夏宋停战，辽国失利。但西夏与辽的战争，还有一个摆不上台面的原因，那就是"夫妻感情不和"。自李元昊的祖父李继迁开始，西夏与辽就结成了姻亲，李元昊的父亲李德明曾向辽圣宗请婚，辽国的兴平公主（辽兴宗的姐姐）嫁给了李元昊。但李元昊对这桩政治婚姻很不满意，夫妻关系恶劣影响到了两国关系。再加上李元昊经常引诱辽国的党项人叛逃，辽国派使臣令李元昊归还，李元昊不从，最终导致兵戎相见。1044年，就在西夏与北宋达成和平协定的那年，辽兴宗亲率大军，同时派天齐王耶律重元、韩国王萧惠兵分三路，讨伐西夏。萧惠的军队走到贺兰山北侧时，遭到西夏的伏击，双方交战后，夏军大败。李元昊自知不敌，便用缓兵之计假意求和。辽兴宗在萧惠的劝说下，本想乘胜追击，没想到却败给了李元昊。李元昊在击败辽军后，又立刻向辽兴宗请和；与此同时，李元昊把在战争中俘虏的辽兵，献给了

知识拓展

好水川之战的故事

好水川之战，宋军以夏竦为首，范仲淹和韩琦二人为副使。宋朝信心满满，却被西夏军打败。之前，范仲淹和韩琦在军中颇有声望，人称"韩范"，当地人都唱："军中有一韩，西贼闻之心骨寒；军中有一范，西贼闻之惊破胆。"但是战败的现实让宋朝"狠狠打脸"。西夏军师张元特地写了一首诗，来讽刺宋朝："夏竦何曾耸？韩琦未足奇。满川龙虎辈，犹自说兵机。"嘲笑宋朝军队外强中干、不堪一击，领兵之将都是纸上谈兵。

宋朝。就这样，李元昊在辽、北宋的夹缝中，或战或和，进退有度，占足了便宜。

李元昊虽然在政治上颇有成就，但他生性多疑，且为人好色，因此导致了杀身之祸。李元昊曾抢了与太子宁令哥订婚的没移氏，太子在国相没藏讹庞的挑唆下杀了父亲李元昊。随着李元昊的死，西夏国开始衰败，后来被蒙古人所灭。

李元昊曾命大臣野利仁荣参照汉字创制了党项文字，但党项文字随着西夏国的灭亡而失传了。中国历史上关于西夏国的文字记载很少，除了几座光秃秃的皇陵，西夏国留下的遗址也不多，关于西夏国和西夏文明，一直就是谜。直到1908—1909年，沙俄探险家科兹洛夫以考古的名义，带着全副武装的军队发掘了一座西夏国的古城遗址——黑水城，并找到了大量西夏国的文物。这些文物被劫掠到了沙皇俄国，保存在圣彼得堡的一座博物馆中，是研究西夏文明的无价之宝。

04
北宋的灭亡

> 宋钦宗靖康二年（1127年），金兵南下攻取北宋都城东京开封，掳走徽、钦二帝及皇室、大臣、贵族3000余人，史称"靖康之变"，也是标志北宋灭亡的历史事件。

　　在金庸的武侠名著《射雕英雄传》中，有正反两个主角，分别是郭靖和杨康，一靖一康，这两人的名字便是来自"靖康之变"（也称"靖康之难"）。"靖康之变"是导致北宋灭亡的直接原因。

　　北宋灭亡有两个很重要的原因。一是北宋长期处于疲敝之中。自宋太祖赵匡胤建立宋朝开始，各种社会矛盾就异常尖锐，从没有真正缓和过。为了缓解社会矛盾，北宋也曾进行变法改革，但变法反而加剧了社会矛盾，统治者穷奢极欲，民不聊生，各地纷纷爆发农民起义，宋王朝疲于应对。二是北宋一直重文轻武，军队的战斗力实在不堪，面对北方各少数民族政权的步步紧逼，北宋的国防形同虚设。最终，在金人的进攻下，北宋军队无力抵抗，北宋王朝覆灭。

知识拓展

天祚帝有亡国相

宋徽宗时,有间谍回来报告说:辽天祚帝长相不祥,是亡国之相。于是,宋徽宗特意派出绘画高手前往辽国,悄悄画了天祚帝的画像回来。宋徽宗一看,也觉得天祚帝是亡国相,且亡在旦夕。于是就决定立即联金攻辽。后来辽国被灭,天祚帝成了金人的俘虏,可是很快,宋徽宗自己也做了金人的俘虏。据说天祚帝和宋徽宗曾被关在一起,两人相望无言。

自取灭亡的"联金灭辽"策略

众所周知,北方的辽国政权一直是北宋的噩梦。自高梁河一战后,历代北宋皇帝都患上了"恐辽症",北宋面对辽军的进攻,只能被动挨打,占不到半点便宜。同时北宋的军政制度比较畸形,"将不专兵、兵不识将",再加上重文轻武,打不过就花钱买和平的心态,导致北宋始终无法解决辽国的威胁。但对于北方辽国的敌视,失去幽云十六州的耻辱,北宋王朝却一刻也没有忘记。北宋自己实力不行,于是就想到了借助别人的手解决辽国。这个别人就是在东北迅速崛起的金人。东北的女真族在建立金国后,与辽国作战取得了多次胜利,金国崛起,辽国衰败,这让北宋的皇帝和大臣们看到了"机会"。宋徽宗曾派遣童贯出使辽国打听虚实,童贯此行未能探听到辽国的情况,却意外招纳了一个辽国的"叛徒"——马植。马植出生于辽国世家大族，不知什么缘故，背叛了辽国，投奔北宋，并给宋徽宗献上"联金灭辽"之策。其具体的操作是：北宋派遣使臣从山东的登州登船，跨过渤海、绕过辽国去金国，与女真人结好，相约一起攻辽。

宋徽宗采纳了马植的计策，派遣武义大夫马政和高药师等人，从登州坐船出使金国，为了掩人耳目，说是"买马"。就这样，北宋和金通过这条秘密交通线，互派使者，最终达成了"相约攻辽"的战略同盟，也就是历史上著名的宋金"海上之盟"。在盟约中，双方约定，金国出兵夺取辽国中京（今内蒙古宁城县），北宋出兵夺取辽国燕京（今北京）、西京（今山西大同）；辽国灭亡后，北宋将原来交给辽国的"保护费"岁币，转纳给金国，而金国把燕云地区归还给北宋。

"理想很丰满，现实很骨感"，宋金海上之盟，从一开始，双方拿的就不是同一个剧本，事情没有向着北宋期望的方向发展。虽然辽国确实被灭掉了，但后来发生的事就有些"急转直下"了。

靖康之变

宋金两国在签订盟约后，就各自出兵伐辽，金国军队战斗力强，对辽军作战如摧枯拉朽，很快就攻占了辽国中京，并占据了辽国大片土地。北宋军队就没有那么"给力"了，数十万北宋大军攻打辽国燕京，均被辽军击败，最终辽国的燕京还是金军攻占的。当然，金军不是"乐于助人"，因为北宋没有达成盟约中攻占辽燕京的要求，所以金国要求北宋必须"加钱"，每年加付100万贯的"燕京代税钱"。如果仅仅是加点钱也还好，更糟糕的是在宋金联合灭辽的战争中，金国人诧异地发现，北宋这个盟友的战斗力实在是太渣了。

在灭辽之后，起初双方的盟约还是在履行着，北宋不断给钱，金国也陆

知识拓展

徽宗"六贼"

宋徽宗昏庸无能,奸臣当道,朝中有6人被称为"六贼"。"六贼之首"蔡京,前后任相17年之久,臭名昭著的花石纲就是他搞起来的。梁师成,宦官,掌御书号令,连圣旨都敢伪造,时称"隐相"(幕后宰相)。童贯,历史上掌控军权最大、爵位最高的宦官,时称"媪相"(母相,对应的是蔡京被称为"公相")。其他还有李彦、王黼(fǔ)、朱勔(miǎn)。当时歌谣称:"打了桶(童贯),泼了菜(蔡京),便是人间好世界。"随着宋徽宗的下台,6人或被诛杀,或被流放。

续地把幽云十六州中的一些州县还给北宋。不久之后,变故发生了,宣和五年(1123年)八月,盟约的签订者金太祖完颜阿骨打去世;然后宋金双方就山西之地到底该不该归还北宋,发生了严重的分歧。恰在此时,有个叫张觉的辽国将领,先降金国,又叛金投宋,最终北宋藏匿叛将张觉事件成为金国人"毁约"南下攻宋的借口。

其实这些都不是重点,关于北宋和金,到底是谁先违背盟约并不重要。从后来发生的事情看,金国作为一个新兴崛起的政权,比辽国更具侵略性。而辽国与北宋有长达百年的和平,某种程度上,辽已经成为北宋北方的屏障,但北宋并没有意识到这一点。虽然,在海上之盟伊始时,就有很多大臣表示反对,认为这会"唇亡齿寒",但昏聩的宋徽宗早被收复幽云十六州的美梦冲昏了头,甚至连当时的高丽国都看出了利害,派人转告宋徽宗,说:"女真虎狼,不可交也。"但世上没有后悔药可买,要怪就只能怪北宋的军队太弱,打不过辽国,还去招惹金国,前门拒虎、后门进狼,最终导致金人在灭掉辽国后,率兵南下,发起了灭宋战争。

宣和七年（1125年），金国以张觉事件为借口发起了对北宋的战争。金军挟灭辽之余威，一路势如破竹，很快就打到了黄河边上，次年就包围了北宋都城开封。这时的宋徽宗也无心写字作画了，他知道，以宋军的战斗力想要打赢金兵，几乎是不可能的。于是，中国历史上罕见的一幕发生了：皇帝还没死，就把皇位让给儿子。宋徽宗留下一个烂摊子，让儿子赵桓即宋钦宗去收拾。

也有人说，宋徽宗之所以主动放弃皇位，是听从了李纲的进谏。李纲，常州无锡人，两宋之际著名的抗金大臣。在金兵包围开封城时，李纲临危受命，出任京城四壁守御史。在他的率领下，第一次开封保卫战，金兵撤退，北宋取得了暂时的胜利。

但在这之后，北宋皇帝又开始了日常的"作死"操作，宋钦宗罢免了李纲，因为他是主战派。朝廷主和的投降派迎合皇帝，说金人和辽人一样，给点钱就能打发了，为了表示我们谋和的诚意，先把那些主战派将领全部罢免吧。于是以种师道、种师中为代表的主战派，纷纷被罢免了官职，李纲也被

知识拓展

陈禾扯衣

宋徽宗很宠信宦官童贯，大臣陈禾上奏弹劾童贯等人胡作非为，宋徽宗不高兴，拂衣而起准备离开。陈禾大步向前，一把拉住宋徽宗的衣服不让他走，宋徽宗挣脱时把衣服都扯坏了。宋徽宗大叫："我的衣服都被你扯坏了。"陈禾慨然回答："陛下不惜碎衣，臣岂惜碎首以报陛下！""碎首"即粉身碎骨的意思。宋徽宗听了很感动，让人把扯坏的衣服留下来，以表彰正直的大臣。

知识拓展

张邦昌的悲剧命运

张邦昌本是北宋宰相,曾和康王赵构(即宋高宗)一起出使金营。靖康之难后,金人要立张邦昌为傀儡皇帝,张邦昌不肯,金人就威胁他要屠城,张邦昌只得答应下来。张邦昌一共做了33天伪皇帝,不在皇帝的正殿办公,不以皇帝身份接受百官朝拜,发布命令也不称圣旨,一心想表明自己是被逼的,而无意称帝。金人撤走后,张邦昌立即迎康王称帝,还政于宋。但即使是这样,张邦昌仍没能逃过悲剧命运,被宋高宗以叛国罪名赐死。

赶出了朝廷。在第一次围攻开封之战中失利的金兵,很快就掉转马头,卷土重来。宋钦宗看到金兵再度围困开封,竟然求助于"天兵神将":一个叫郭京的术士,自称会法术,能用"六甲神兵"击败金兵。结果可想而知,郭京率领的"神兵"开城门出战,哪里是金人骑兵的对手,金军掩杀过来,当即攻破了开封,宋徽宗、宋钦宗和一干朝廷官员都做了俘虏。

宋徽宗和宋钦宗被俘后,金兵强行脱去了他们的龙袍,金太宗更是下诏将这两位皇帝贬为庶人。然而,宋徽宗和宋钦宗的苦难才刚刚开始。金军攻入开封后,先是大肆烧杀抢掠了一番,由于金人不会治理中原,所以打算扶持一个傀儡政府。于是,金人立张邦昌为帝,国号"大楚"。而宋徽宗、宋钦宗连同众多皇子皇孙、驸马公主、嫔妃宫女一起被押送到了金国,其中还有教坊乐工、技艺工匠等,共10余万人,这就是历史上著名的"靖康之变"。而这一事变的罪魁祸首宋徽宗和宋钦宗再也没能回到故国家园,宋钦宗死在了燕京,而宋徽宗则死在了更远的五国城(今黑龙江依兰)。

在金兵围困开封时，宋徽宗的儿子、宋钦宗的弟弟赵构，被父亲和哥哥打发去向金人求和，走到河北磁州的时候，当地官员宗泽对赵构说："你不能再往前走了，再走就回不来了。"赵构听从宗泽的建议，趁机开溜，并辗转去了山东东平。开封城破，赵宋皇室几乎全当了俘虏，唯独赵构躲过一劫。而赵宋皇室仅存的赵构，最终逃到了长江以南地区，建立了南宋。

从960年宋太祖赵匡胤黄袍加身建立宋朝，到1127年靖康之难开封城破，宋徽宗、宋钦宗被俘，北宋先后传了9位皇帝，历经167年。此后，赵构建立南宋，北宋与南宋合称宋朝，也称为两宋。

宋金海上之盟
1120年，宋金相约联手攻辽

开封保卫战
1125—1126年，金国攻宋，北宋在主战派李纲的率领下，成功打退金兵

靖康之变
1127年，北宋赶走主战派将领，金军再次来犯，开封城破，北宋灭亡

北宋灭亡始末

05
南宋的建立与偏安

> 类似汉朝分为西汉东汉，宋朝也分北宋和南宋两个时期。1127年，宋徽宗之子赵构于应天府（今河南商丘）称帝，史称南宋。

赵构

西汉首都长安在西，故称西汉；东汉首都洛阳在东，故称东汉。就如同汉朝分西汉和东汉一样，宋朝也分为北宋和南宋，北宋首都开封在北，称为北宋；南宋首都临安（今浙江杭州）在南，称为南宋。不同的是，东汉的创始人刘秀，虽然名义上是汉室宗亲，但基本上是白手起家；南宋的创建者赵构，在血缘上是宋徽宗的儿子、宋钦宗的弟弟，因而南北两宋关系更亲近一些。但同为延续王朝统治的"创业者"，赵构是无法与东汉光武帝刘秀相比的，刘秀凭借的是实力，而赵构更多是凭借运气罢了。

赵构即位

赵构是宋徽宗的第九个儿子，如果没有靖康之变，赵构原本可以当一个逍遥自在的王爷，喝喝酒、写写字、作作画，生活怡然自得。然而，世事无常，在历史洪流的裹挟下，赵构意外地被推到了舞台的最中央。

北宋靖康元年（1126年），金兵第一次包围开封，在李纲取得开封保卫战胜利的基础上，宋金议和，条件是割让太原、河间、中山三地（史称河朔三镇），这些地方本来就已经被金人占领了，割让它们也只是走个程序罢了。但为了表示宋朝的诚意，宋朝必须派一个亲王去交割土地，并送金军过黄河。在中国历史上，除了传说周文王有百子，就数宋徽宗的子女数量最多。按照《宋史》记载，宋徽宗被俘前一共有31个儿子，34个女儿（被俘后又生了6个儿子，8个女儿）。即便有这么多儿子，但要出使金军大营，却没人想接下这烫手山芋，还是赵构主动站出来，领

知识拓展

泥马渡康王

"泥马渡康王"是民间流传已久的一个传说，版本众多，大致说的是：康王赵构遭金兵追击，逃到黄河边，什么船也没有，只在一座古庙里找到了一匹马。康王骑在马上，顺利渡过了黄河；脱险后，康王才发现这匹马原来是一匹泥马，马身上还湿淋淋地滴着水珠。这件事传得神乎其神，其实根本不是真的，赵构出使金营回来后，并没有去过黄河以北，也就不存在骑马渡黄河的事。

知识拓展

苗刘兵变

1129年,南宋武将苗傅和刘正彦发动兵变,迫使宋高宗赵构退位,立3岁的皇太子赵旉(fū)为帝,让孟太后垂帘听政,并改年号为"明受"。苗刘二人用武力胁迫宋高宗退位,引起了很多外地将领的不满,大将韩世忠、张俊等纷纷起兵讨伐苗刘二人。这场兵变最终以苗傅和刘正彦失败,赵构重登帝位而告终。这就是历史上有名的"苗刘兵变",也称"明受兵变"。

下了任务。然而偏偏就是这次看似自寻死路的决定,却让赵构成为在靖康之难中唯一逃出生天的亲王。

到了金营,金人怀疑赵构是个"冒牌货",要求换人,于是赵构的五哥肃王赵枢"替补上场",赵构得以回朝。没过多久,金兵又打过来了,"工具人"赵构再次被老爹和老哥派去金营求和。这一次,他遇上了"贵人"宗泽,在宗泽的建议下,赵构选择了跑路。开封城再次被围时,赵构被任命为天下兵马大元帅,老爹和老哥等着他带兵来救援,但赵构装傻充愣,领着军队到处转悠,就是不往开封走。结果开封城破,老爹宋徽宗和老哥宋钦宗当了金国的俘虏,赵构在众人的拥护下,于应天府(今河南商丘)即位,史称宋高宗。

虽然赵构做了皇帝,但是金军的威胁并没有解除,这时赵构任命主战派李纲为宰相,借助李纲的声望,先是稳定了政权。赵构觉得长江以北还是太凶险了,和金人作战胜率太低,在用完李纲后,他又罢免李纲,带着政府一路向南跑到扬州。金兵紧追不舍,奔袭扬州,赵构还想跑,幸亏主战派的张俊、韩世忠接连打了几场胜仗,稳住了局

势。绍兴二年（1132年），宋高宗赵构迁都临安（今浙江杭州），南宋朝廷才终于在东南之地站稳了脚跟。

封建王朝的皇帝既害怕异族入侵，又害怕军队将领拥兵自重。在对金的战斗中，南宋很多将领获得了北宋将领"不敢奢求"的实际军事指挥权，这让赵构非常害怕。更何况，他刚当上皇帝不久，就曾遭遇一场兵变，差点儿丢掉了皇位。金人虽然可怕，但是如果军队的将领不听自己指挥，发动兵变，那会比金人更可怕。再加上宋朝皇室对军队将领的防范心理根深蒂固，赵构最终选择了主和，他宁可向金人屈膝，也不愿主战派将领功大势重、尾大不掉。南宋绍兴十一年（1141年），赵构在解除了岳飞、韩世忠等将领的兵权后，向金朝表示了坚定议和的决心。之后，赵构听信秦桧的谗言，以"莫须有"的罪名杀害了岳飞，同金朝签订了屈辱的"绍兴和议"。南宋正式向金称臣纳贡，以换取金人承认南宋在淮河和大散关以南地区的统治权，偏安的南宋政权在此和议的基础上，得以传承。

知识拓展

将"二圣"置之脑后

高宗皇帝口头上说，要积极迎回被金军掳去的徽宗和钦宗两位皇帝，但内心其实并不情愿。当时宋朝军队的军旗绘有两个圆环，二环交扣，谓之二胜环，谐音"二圣还"，取意打退金兵、迎回徽宗和钦宗。有人把二胜环雕琢成帽环，献给高宗。高宗很喜欢，跟人显摆，有人说："好看是好看，就是把二胜环放在脑后了。"意思是高宗早忘了"迎回二圣"这件事，高宗顿时无语。

南宋偏安

北宋与辽有澶渊之盟，南宋与金有绍兴和议，这两个和约，看似都促成了两个政权的"和平共存"，但其本质上是有区别的。这两个和约，都是宋朝在军事上取得了一定程度的胜利后签订的：前者宋真宗亲征，澶州城下宋军击杀辽国大将萧挞览；后者岳飞率领的岳家军在郾城和颍昌击败金军元帅兀术。这是这两个和约能达成的先决条件。澶渊之盟还算得上是平等的条约，而绍兴和议则是不平等的条约：在澶渊之盟中，宋辽两国互称兄弟，北宋只给辽国岁币，并不割地；而绍兴和议则规定南宋向金称臣，宋朝的皇帝必须得到金朝册封，岳飞收复的失地割还给金国。更要命的是，这个绍兴和议，搞了一个所谓的"南自南，北自北"政策，即原籍在绍兴和议规定的南宋境内的汉人归南宋，原籍在绍兴和议规定的金国境内的汉人归金国。从此，北方汉人不但完全在名义上成为金国臣民，而且不能南逃，否则将被遣返。这一条规定造成了民心的分裂，北方汉人成为国家战败的牺牲品，没有选择地成了敌国子民，从此他们也不再认为自己是大宋的子民。

根据绍兴和议，金人把赵构父亲宋徽宗的灵柩和生母韦贤妃还给了南宋，至于赵构的哥哥宋钦宗，则继续留在金国"放羊"。史书记载，在赵构母亲韦贤妃南归前，宋钦宗抱着马车的车轮不撒手，哭着对韦贤妃说："请您转告赵构，我如果能回去，当个太乙宫主就心满意足了。""太乙宫主"指的是道士，表示钦宗将无意于政治权力。韦贤妃也是泪流满面，对他赌咒发誓说："如果你回不来，我宁愿眼睛瞎掉。"

但自古以来，无情最是帝王家，赵构怎么可能会让宋钦宗回来呢？宋钦宗回来后，自己的皇位是不是该还给宋钦宗呢？更何况，赵构还有一个难言之隐，那就是他唯一的儿子赵旉夭折后，他再也没有子嗣了。如果宋钦宗回来，赵构就只能将皇位还给宋钦宗，或是传给宋钦宗的儿子。无论如何，宋钦宗没能回到故土，最终客死他乡。韦贤妃回到临安后，面对前来迎接的文武大臣们，问道："为什么不见'大小眼将军'？"她所说的"大小眼将军"，指的就是岳飞，岳飞有眼疾，眼睛看上去一大一小，金国士兵因此叫他"大小眼将军"。或许是在金国的时候，韦贤妃就听说了岳飞抗击金军的传奇故事，所以才会有此一问，身边人轻声地告诉她："岳飞已经冤死在了狱中。"她哪里知道，让自己能够回来的"绍兴和议"签订的前提条件就是宋高宗答应金人杀掉岳飞。

宋高宗赵构一直没有子嗣，将来皇位传给谁，成了一个敏感话题。既然没有亲儿子，不妨先弄几个养子吧。在选择养子的问题上，赵构又纠结了，养子虽然没有血缘关系，但在当时是有继承权的，万一将来又有了亲生儿子，皇位还是要传给亲儿子的，所以选择什么样的养子很重要。一般这些皇室家族选养子，都是从兄弟或堂兄弟的后代

知识拓展

南渡诸帝之首

宋孝宗赵昚（shèn）是南宋第二任皇帝。他在位期间，政治清明，社会稳定，经济繁荣，文化昌盛，史称"乾淳之治"。后世评价宋孝宗为"南渡诸帝之首"，即南宋诸多皇帝里，孝宗可排第一。还有人说，"高宗朝有恢复之臣，无恢复之君；孝宗朝有恢复之君，而无恢复之臣"。是说高宗时名将很多，但皇帝不行，高宗表面上喊口号要恢复故国，其实一门心思偏安南方；而孝宗想努力打回北方去，却没有了可用的将帅。

中选，血缘较近。但也有一个麻烦，就是这些人都是皇族近亲，一般都有很大的权势，羽翼丰满后不好控制；万一将来自己有了亲生儿子，亲生儿子的继承权就会受到威胁。

思来想去，赵构想到了一个"鬼主意"，没错，他打的是"鬼"的主意，这个"鬼"就是宋朝的创建者赵匡胤。赵构故弄玄虚地对大臣说："我昨晚梦见了太祖皇帝，他说皇位该还给我们这一脉了吧？"宋太祖赵匡胤的皇位并没有传给儿子，而是被弟弟赵光义继承，而后皇位就在宋太宗一脉传承。大臣们都明白，皇帝这是担心太宗一脉后裔的势力都比较大，不好控制，所以要从太祖一脉挑选养子。于是，赵构从宋太祖赵匡胤的后代中，选了两人作为自己的养子，分别是赵匡胤的七世孙赵昚和赵璩（qú）。后来赵昚继位，即宋孝宗。宋孝宗平反了岳飞冤案，并起用了很多主战派人士，锐意收复中原，但赵构留下的烂摊子实在是太烂了，北伐无功。而南宋，就在东南这半壁江山上维持了152年，最终被蒙古人建立的元朝所灭。

南宋终其一朝，一直处于偏安的状态。有一首很出名的诗，题在临安城的一家旅店墙壁上，"山外青山楼外楼，西湖歌舞几时休？暖风熏得游人醉，直把杭州作汴州。"汴州，即北宋的都城开封。这首诗是对南宋偏安形势的真实写照。

06
抗金英雄岳飞

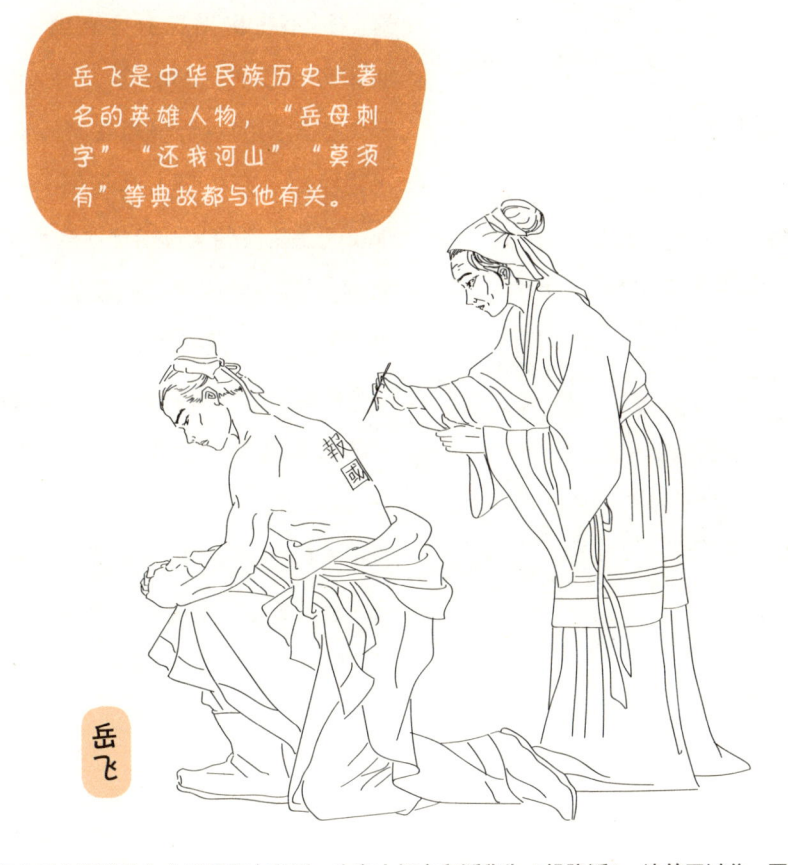

岳飞是中华民族历史上著名的英雄人物，"岳母刺字""还我河山""莫须有"等典故都与他有关。

岳飞

南宋对金策略分为主战派和主和派，也有人把主和派称为"投降派"，这并不过分，因为南宋的主和派，如秦桧，其本质就是"投降"。在主战派中，有因壮志难酬忧愤成疾，临终三呼"过河"而卒的老将宗泽，也有将满腔愤恨和报国热情写入诗作的陆游、辛弃疾。但真正率领军队与金兵激战多年，并多次取得胜利，让后世倍加推崇的则是岳飞和韩世忠。他们两人都是悲剧英雄，尤其是岳飞短暂的一生，让人扼腕叹息。

知识拓展

中兴四将

南宋初期，涌现出了一批抗金将领，有人将张俊、韩世忠、刘光世、岳飞四人，并称为"中兴四将"。张俊战功突出，但是他协助秦桧陷害岳飞，杭州西湖岳王庙前4个跪像中，就有张俊。韩世忠为人耿直，曾当面斥责秦桧："'莫须有'三字，何以服天下？"刘光世贪功避战，名声不好。岳飞从军10余年，率领军队同金军进行了大小数百次战斗，所向披靡。

尽忠报国的岳飞

中国有句古话"猛将起于行伍"，这句话用在岳飞身上再恰当不过了。北宋崇宁二年（1103年），岳飞出生于河南汤阴的一个普通农家。相传岳飞出生时，有一只大鹏飞到了他家房顶，于是岳飞的父母给他取名为飞，字鹏举。岳飞年少时沉默寡言，喜欢读史书和兵书。民间传说他有两位师父，一个叫周同，一个叫陈广，二人都是当时的武术名家。岳飞的力气很大，能"挽弓三百宋斤，开腰弩八石"。宣和四年（1122年），19岁的岳飞从军，充当弓手，开始了他的军旅生涯。

靖康元年，岳飞所在的部队参加了对金作战，因为作战勇猛，岳飞被提拔为低级军官"修武郎"。次年随军转战曹州，再积战功，升为"武翼郎"。也正是在这一年，靖康之难发生，北宋灭亡。宋高宗即位建立南宋后，25岁的岳飞上书皇帝"数千言"，陈述他的破金方略。赵构批了8个字"小臣越职，非所宜言"，不但革除了岳飞的官职和军职，还开除其军籍，将他赶出了军营。但岳飞的抗金决心并没有动摇，他渡河北上，直赴抗金的最前线——大名府。此时大名府的抗金军队统帅名叫张所，张所很同情岳飞的遭遇，更欣赏岳飞的才能，所以破格提拔岳飞，先是任命他为统领、后又升为统制，让岳飞从一个被开除军籍的低级军官，摇身一变成为统率数千人的将领。

真正帮助岳飞从量变到质变飞跃，成为抗金名将的人是老将宗泽。在经过多次作战后，岳飞辗转来到了宗泽的军中。宗泽非常欣赏岳飞，认为他是一个难得的人才，或许抗金大业就要落在岳飞的身上。作为一个身经百战的老将，宗泽作战经验丰富，且具有深厚的军事理论功底，他多次召见岳飞，并授以用兵作战阵图，对岳飞说："尔勇智才艺，虽古良将不能过。然好野战，非古法，今为偏裨尚可，他日为大将，此非万全计也。"意思是：你的资质很好，可比古代的良将，但是你作战路子野，不合古代兵法，作为偏将还行，等将来做了大将军，怕是容易出问题。岳飞对此不以为然，他回答说："兵家之要，在于出奇，不可测识，始能取胜。"意思是：兵法的要点，在于灵活用奇，使敌人无法探测察识，才能取得胜利。

让岳飞声名大噪的是收复建康的作战。当时岳飞是宰相杜充的部将，协助杜充守卫建康。杜充从沧州到建康，一路上就没打过胜仗，对于金兵只有害怕，但他官运亨通，一路做到了宰相。很快建康就在杜充手中丢了，他本人也投降了金国。南宋丢掉了建康这个重镇，皇帝赵构干脆逃到了海上，形势十分危急，眼看南宋也得灭亡。这时的岳飞收拢了杜充的残兵败将，跟金国军队打起了"游击战"，他以宜兴为根据地，收拢各支败军进行整训，很快，一支能征善战的"岳家军"诞生了。此时，逃命于海上的赵构看到有这样一支军队，能救自己于水火，喜出望外，破天荒地给这个曾被他开除军籍的岳飞下了一道诏令，命他配合镇江的韩世忠，进击金军，收复建康。岳飞不辱使命，在牛头山一战中，击败金军，乘机收复了建康，这是岳家军首次取得的辉煌胜利。作为抗金战争中为数不多能取得胜利的将领，岳飞终于进

知识拓展

直捣黄龙

岳飞第四次北伐时，大破金军统帅兀术，金军大将韩常不愿再战，向岳飞请降。眼看收复开封在即，岳飞高兴地对部下说："直抵黄龙府，与诸君痛饮尔！"黄龙府（今吉林农安）是当时金国的腹地，徽钦二帝曾被关在这里。后人由此发展出成语"直捣黄龙"，意思是捣毁敌人的老巢。

入了赵构的视野，成为南宋抗金战争的一张王牌。

此后，岳飞越战越勇、屡战屡胜，他先后参加了四次北伐，在第四次北伐时，岳飞在郾城之战中大破金军主力。此役中，金军统帅兀术用"铁浮图"（经过专门训练，穿着厚厚的铁甲的骑兵）为主力正面进攻，左右翼又辅之以"拐子马"，这些都是金军的精锐部队。岳飞令其子岳云率领8000余背嵬军和游奕军骑兵迎战，采取"或角其前，或掎其侧"的战术对付"拐子马"；又选派精壮步卒手持麻扎刀、提刀、大斧之类兵器，专劈"铁浮图"的马足，使"铁浮图"失去威力。岳家军将士与金军"手拽厮劈"，自午后杀到天黑，金兵尸横遍野，终于溃败逃走。

郾城之战后，岳家军与金军再战颍昌，金军大败，退回开封。岳飞和岳家军大捷的消息很快传遍了大江南北，岳飞也颇为乐观地对手下将领们说："长驱直捣黄龙府，同诸位将军一起痛饮庆功酒！"

岳飞之死

颖昌之战后，金兀术大军驻扎在开封西南的朱仙镇，双方在朱仙镇再一次展开大战。金军一触即溃，金兀术决定放弃开封，渡黄河北去。这时，一个叛徒——北宋时的一个太学生出现了，他对金兀术说："太子毋走！京城可守也！岳少保且退矣！"金兀术不解，这个太学生解释道："自古未有权臣在内，而大将能立功于外者，岳少保祸且不免，况欲成功乎？"（少保：官名，指岳飞。）金兀术觉得他说的有道理，决定先不撤退，看看再说。

果然如这个太学生预料的那样，眼看故都开封收复在即，宋高宗赵构和宰相秦桧出于对金议和的考虑，命令岳飞班师回朝。为了让岳飞退兵，宋高宗一天内颁发了十二道金牌。接到命令后，岳飞悲愤地哭着说："臣十年之力，废于一旦！非臣不称职，权臣秦桧实误陛下也！"岳飞很快被剥夺了兵权，但对于主和的宋高宗和秦桧来说，岳飞实

知识拓展

去不得的勋业

秦桧是南宋初期主和派的领袖，一共做了19年宰相。晚年，秦桧和大臣宋朴聊天，问："你看我可以和古人中的谁相比？"宋朴答："您比郭子仪强一点，但比张良差一点。"秦桧不解，宋朴解释说："郭子仪被宦官挖了祖坟都没办法，您却能让宦官在您面前大气也不敢出；张良的功业即使他退休了也没人动得了，您的呢，则是去不得的勋业，您一走，茶就要凉了。"秦桧听了，大为感慨。

知识拓展

忠良之后有余荫

岳飞死后多年，人们敬其忠良，对岳家很关照。万俟卨之孙和岳家发生田产纠纷，官司打了很久，一直判不下来。案件推到一个叫辛元龙的官员这里，辛元龙连诉讼文书都不看，直接判岳家胜，理由是："岳飞一代忠臣，万俟卨帮助秦桧残害忠良，就算抄了他全家都不够赎罪的，还敢来跟岳家争田产！"

在是"宋金议和"的最大威胁。金人在与南宋的和谈中，也把"杀掉岳飞"作为谈判的条件之一。金兀术在给秦桧的信中这样写道："尔朝夕以和请，而岳飞方为河北图，且杀吾婿，不可以不报。必杀岳飞，而后和可成也。"

为了促成与金人的和谈，保住半壁江山，宋高宗赵构和秦桧决定"牺牲"岳飞，向金人乞降。于是，一个针对岳飞的阴谋开始了，他们先是捏造岳飞部将张宪的口供，诬蔑岳飞谋反，将岳飞投入大理寺狱中。面对严刑拷打，岳飞没有屈服，并向主审官袒露其背上所刺的"尽忠报国"4个大字。主审官甚为感动，对秦桧说岳飞是冤枉的，秦桧回答："此上（皇帝）意也。"

岳飞蒙冤入狱时，韩世忠曾质问秦桧：岳飞谋反有什么证据？秦桧回答："其事体莫须有！""莫须有"，不需要有（证据）。

绍兴十二年（1142年），新的主审官万俟卨（mò qí xiè）通过秦桧上报皇帝，"岳飞谋反"，提出将岳飞处以斩刑。宋高宗赵构当日批复："岳飞特赐死。"就这样，岳飞死在了大理寺狱中。岳飞死时39岁，他的儿子岳云、部将张宪也一起遇害。在岳飞的供状上只留下8个绝笔字："天日昭昭，天日昭昭！"岳飞的死讯传出后，宋朝的老百姓都为之哭泣。消息传到金国，金国的大臣们喝酒庆祝。

有人曾问岳飞："天下何时太平？"岳飞回答："文官不爱钱，武官不惜命，则太平矣。"最终不惜命的武官岳飞，死在了爱钱的文官秦桧手中，然而真正的罪魁祸首则是宋高宗赵构。

岳飞死后，一个叫隗（wěi）顺的狱卒偷偷地将岳飞的遗体背出杭州城，埋在钱塘门外的九曲丛祠旁，并在临终前将这个秘密告诉了自己的儿子。绍兴二十五年（1155年），秦桧病死，大臣张孝祥等人上书皇帝，要求为岳飞昭雪冤案，史书记载说此时的宰相是万俟卨，他坚决阻止为岳飞昭雪。直到宋高宗退位、宋孝宗即位后，由宋孝宗赵昚降旨，为岳飞"追复原官，以礼改葬"。这时，隗顺的儿子报告了父亲安葬岳飞的事，宋朝将岳飞按照礼制改葬在西湖栖霞岭上。实际上，岳飞之所以能够在此时昭雪平反，还有一个深层次的原因，那就是此前一年，金兵再一次大举南侵，主战派又有了用武之地。

07
一代天骄成吉思汗

> 成吉思汗是中国历史上杰出的政治家、军事家。他征战四方,开疆拓土,建立了当时世界上举世无双的大帝国。

成吉思汗

> 毛泽东主席在其著名的词作《沁园春·雪》中,列举了中国古代的部分杰出人物。与秦皇汉武、唐宗宋祖并列的,有一位少数民族英雄——成吉思汗。成吉思汗是大蒙古国的创建者,元王朝的奠基人,与古希腊的亚历山大大帝和法国拿破仑齐名,他率领的蒙古铁骑横跨亚欧大陆,让世界为之震撼。让我们一起来走近这个曾发誓"要让青草覆盖的地方都成为我的牧马之地"的历史人物。

统一蒙古的铁木真

南宋绍兴三十二年（1162年），漠北斡难河畔的蒙古乞颜部落，首领也速该的妻子生下一个男孩。男孩诞生时正赶上他的父亲也速该刚打了一场胜仗，为了庆祝这场胜利，也速该用他俘获的敌方首领铁木真的名字为儿子命名。当时的蒙古各部落相互征伐，为了夺取牧场和牛羊，部落首领之间阴谋暗杀是经常发生的事。铁木真9岁时，他的父亲死于敌对部落的毒酒。铁木真的父亲死后，部落的人丢下铁木真的母亲和他的兄弟投奔他处，铁木真的母亲带着铁木真四兄弟靠"拾着果子，撅着草根"为生，生活异常艰难。就这样，铁木真在年少时就饱尝艰辛和苦难，但这些艰难困苦并没有打倒他，反而锻造出他坚韧不拔的意志。

当时的蒙古草原生存环境恶劣，弱肉强食，不仅部落之间相互征伐，即便是亲兄弟之间，也常常为了生存和利益大打出手。铁木真四兄弟中，合撒儿是他的同胞弟弟，另外两个是同父异母兄弟。有一次，他们一起钓鱼，铁木真钓到一尾金色的鱼，被异母兄弟别克帖儿抢走了，铁木真很生气，和亲弟弟一起用箭射死了他。铁木真同室操戈的残忍行为，激起了母亲的愤怒，母亲用祖训对他严加斥责。铁木真也逐渐明白，想要生存下去，相互残杀并不能解决问题，只有各部落都团结起来，建立一个统一的蒙古大部落，才能结束草原上的血腥纷争。

铁木真长大后，成了一名英勇善战的蒙古武士，他用手中的刀和弓，在部落之间的混战中，逐渐壮大自己的实力。在安答（义兄弟）札木合的帮助下，铁木真击败了世仇蔑儿乞部，夺回了原来的部众，还掳掠了大批财物和奴隶。不久之后，铁木真被推举为部落首领，他随即组建了自己的军队，命博尔术及胞弟拙赤合撒儿、异母弟别里古台等为长,分设了带弓箭的、带刀的、掌驭马的、掌饮膳的、管放牧的、掌修造车辆的、守卫宫帐的等10种职务,这支后来横扫亚欧大陆的蒙古骑兵大军,就这样起家了。

有了军队的铁木真,在蒙古草原上如同一股强大的旋风,卷到哪里哪里就被他兼并。短短几年,合答斤、散只兀、朵儿边、塔塔儿、弘吉剌等部落都被他降服,成为他的部属。当时中国北方地区的霸主是金国,金王朝也注意到了铁木真的崛起,有心拉拢他,于是授予铁木真金朝官职。铁木真借用他金朝官职的身份,对其他部落进行命令或拉拢。面对日益庞大、迅速扩张的铁木真,草原上其他部落的贵族们害怕了,他们联合起来推举札木合为"古尔汗"(众汗之汗),誓与铁木真血战到底。铁木真在义父王罕的帮助下,在海拉尔河支流的帖尼火鲁罕之地大败札木合联盟,札木合投降王罕。至此,在整个蒙古草原上,能与铁木真相抗衡的只剩下他的义父王罕。为了争夺最终的主宰权,他们兵戎相向,而最终的胜利者是铁木真。

宋宁宗开禧二年(1206年)春,统一了蒙古草原各部落的铁木真,在斡难河的源头召开"忽里勒台"(蒙古语,大会),把所有的蒙古贵族召集了起来,商量建立一个统一的蒙古大部落。而这个大部落的首领,无疑就是铁木真,众人给铁木真尊号"成吉思汗",意思是"拥有海洋四方的可汗"。不久,铁木真建立政权,以本部落名称为国号,称"大蒙古国",一个让亚欧大陆为之颤抖的强大王朝,就这样诞生了。

卷亚欧的蒙古铁骑

大蒙古国建立后,成吉思汗的铁骑出发了,他有一个征服世界的梦想:世界有多大,蒙古骑兵的铁蹄就踏多远。与大蒙古国相邻的西夏和金,成为成吉思汗的第一个目标。成吉思汗丝毫不掩饰他的侵略性，他曾对为争夺继承权而争吵的儿子们说："天下地土宽广，河水众多，你们尽可以各自去扩大营盘，征服邦国。"又曾训示诸将："男子最大之乐事，在于镇压叛乱者，战胜敌人，夺取其所有的一切。"正是这种强烈的掠夺欲望，促使成吉思汗不断发动对外战争，从亚洲一直打到欧洲。

　　成吉思汗采取的是先弱后强的策略，他首先进攻的是富庶且地理位置极为重要的西夏。经过4次对西夏的战争，铁木真最终灭掉了西夏，占据了这个亚欧大陆的跳板。蒙古人与金人是世仇，成吉思汗的先祖就曾被金朝以反叛罪处死。金朝强大时，蒙古不但要向其纳贡，金朝每隔3年还会派兵到蒙古大肆杀戮，谓之"减丁"。成吉思汗建立大蒙古国后，开始了对金朝的不断进攻。面对强大的蒙古骑兵，金人无力抵抗，竟然也学起了汉民族，在蒙古与金的边境上修建了一条长达3000余里的界壕，这就是著名的金长城。金王朝是中国北方曾经的霸主，瘦死的骆驼比马大，蒙古灭金的战争持续了整整23年。

　　正如汉民族的长城抵御不了北方部落，金人的长城也无法阻挡蒙古人的铁骑。成吉思汗在对金的战争中，不但获取了大量的土地和财物，更获得了一个杰出的人才——耶律楚材。耶律楚材是辽朝皇室后裔，辽灭后家族迁入金国，他博览群书，才能卓著。成吉思汗攻陷金中都后，特地找到他，对他说："辽金是世仇，我此举为你报了仇。"成吉思汗对耶律楚材极为看重，称其为"长髯人"而不叫他的名字。耶律楚材也多次为铁木真出谋划策，成为他最重要的谋士。成吉思汗有个手下常八斤，因善造弓而得宠，他抱怨说："国家用武之时，要楚材这种儒生何用？"耶律楚材说："治弓要用弓匠，治理天下岂可不用治天下匠？"成吉思汗听了之后深受启发，语重心长地对继承人窝阔台说："耶律楚材是上天赐给我们家的。今后军国之事，应当交予此人处理。"

　　在发动对东亚地区各国战争的同时，成吉思汗也把他的兵锋指向了中亚

知识拓展

蒙古四大汗国

四大汗国包括两种说法。一种说法是指大汗汗国（即元朝）、察合台汗国、伊尔汗国和金帐汗国（又称钦察汗国）；另一种说法是，除了忽必烈的元朝，其他四个相对独立的政权，分别是金帐汗国、察合台汗国、窝阔台汗国、伊利汗国。后世主流意见是支持后者，这些汗国的统治者都是成吉思汗的子孙，彼此血脉相连，又互有攻战，都尊奉入主中原的元朝为宗主国。

和西亚。1200年，阿拉乌丁·摩诃末即位，成为花剌子模苏丹。阿拉乌丁·摩诃末大肆扩张，并在攻取西辽大量土地后策划进一步向东扩张。他不知道的是，在东方，成吉思汗的铁骑也在筹划着西进。1219年，成吉思汗借口花剌子模人杀了他派遣的商队，对其发动战争，不久后，他攻破首都撒马尔罕，灭掉了花剌子模国。成吉思汗派遣速不台、哲别，一路向西追击花剌子模的残余势力。此次蒙古西征，铁蹄远至克里米亚半岛，但这仅仅是一个开始。此后的数十年里，成吉思汗和他的子孙们不断发动征伐西亚和欧洲的战争，最远打到了欧洲的多瑙河流域。

1225年，在向西征战7年之后，成吉思汗回到了草原漠北。次年，原本归附蒙古的西夏国叛乱，64岁的铁木真决定亲征，他在1127年，死在了亲征西夏的途中。临终前，他让自己的子孙们发誓团结在一起，拥戴三子窝阔台继位，并留下遗嘱，利用宋金两国的世仇，联宋灭金。

成吉思汗铁木真是一个极其复杂且充满争议的人物，他和他的蒙古帝国极具侵略性，给亚欧各国人民带来了战争和不幸，但亚欧大陆各国的沟通与交流也因此变得频繁起来。或许正如法国历史学家勒内·格鲁塞在《蒙古帝国史》一书中写的那样：蒙古人几乎将亚洲全部联合起来，开辟了洲际的通道，便利了中国和波斯的接触，以及基督教和远东的接触。中国绘画和波斯绘画彼此相识并交流。马可波罗知道了释迦牟尼，北京有了天主教总主教。

08
元朝的建立

> 一代天骄成吉思汗带着他的蒙古铁骑纵横驰骋，由此产生了中国历史上首个由少数民族建立的大一统王朝。元朝疆域空前辽阔，并在政治、军事、经济、文化等方面取得了辉煌的成就。

　　元朝是中国历史上第一次由少数民族贵族为主建立的大一统王朝，如果从 1206 年成吉思汗建立蒙古政权开始算，前后经历了 163 年；如果从 1271 年忽必烈定国号为"元"开始算，前后经历了 98 年。放在中国历史的长河里看，元朝的历史并不算长，但元朝在中国历史上有着十分特殊的地位，对后世影响深远。众所周知，元朝是中国古代疆域最大的王朝，在其鼎盛时期，其疆域北达西伯利亚，东到太平洋，西到帕米尔高原，南到南海诸岛，总面积大约在 2300 万平方公里，是世界历史上领土最大的国家之一。

忽必烈建立元朝

忽必烈是成吉思汗的孙子，他的父亲是成吉思汗的第四个儿子拖雷。成吉思汗死后，他的第三个儿子窝阔台继承了蒙古帝国的汗位，拖雷监国。窝阔台即位后，仅传两代，就被拖雷的长子蒙哥夺去大汗之位。谁知道，在蒙古和宋的钓鱼城之战中，蒙哥稀里糊涂地死在了前线，成吉思汗的子孙们为了争夺皇位展开了激烈的斗争，最后的胜利者是忽必烈。

1271年，忽必烈取《易经》"大哉乾元"之意，正式宣布建国号为"大元"，忽必烈成为元朝首任皇帝。在忽必烈之前，大蒙古国先后灭掉了西辽、西夏、花剌子模、金朝等政权，南宋政权也"苟延残喘"。不久之后，元发动了对南宋的最后之战，1276年，南宋都城被破；1279年，金朝降将张弘范指挥元军在崖山海战消灭了南宋最后的抵抗势力，陆秀夫背着8岁的幼帝赵昺投海殉国，南宋灭亡。

忽必烈还把目光转移到东海的日本，他曾两次发动征服日本的战争。只可惜，元军的运气实在是太差，两次出征的船队都在海上遭遇了狂风暴雨，还没登陆日本本岛，军队就损失了一大半。就这样，日本躲过了元军的征服，而阻挡元军的飓风，被日本人称为"神风"。

作为元朝的建立者，忽必烈在统一全国后，重用回族人阿合马。阿合马原本是个陪嫁的奴隶，后被忽必烈赏识，被任命为中书平章政事，主要掌理财政，通过推行清理户口、推行专卖制度、发行钞票（时称"交钞"）等方式，增加朝廷收入。元朝灭掉南宋之后，阿合马继续在江南地区实行发钞和药材限制专卖政策，大大增加了财政收入。阿合马在历史上是一个颇具争议的人物，他很有手腕，尤其擅长管理财政和经济事务。因为深受忽必烈的重用，阿合马开始擅权，大量任用私人，引起了其他蒙古贵族的不满，最终死于刺杀。

值得一提的是，阿合马制定了元代钞法，这是世界上最早的纯纸币流通制度，在世界币制史上具有特殊的地位。1263年，阿合马在各路设平准库，钞1.2万锭，作为钞本，并且买卖金银，以维持物价平衡和保证纸币的信用。在钞法施行的初期，因为其管理十分严密，并且盐、茶等税收都用纸钞，保证了纸钞雄厚的物质基础，纸钞甚至有取代贵重金属货币的趋势。然而，到了后期，因为朝廷连年用兵、军费开支巨大，纸钞不断增发，导致了通货膨胀，纸币贬值，物价飞涨，最终纸钞替代金属货币的设想化为泡影。

元朝的制度

元朝创立了一系列的政治制度，其中对后世影响最大的是行省制度。元朝是一个地域辽阔的统一的多民族国家，它所统治的地区超越了历朝历代。为了更好地管理这些地方，元朝创立行省制度，开中国行省制度之先河，至今沿用。忽必烈建元朝后，在中央朝廷设置中书省，统领全国的政务，时称"都省"。为了便于管理，地方上设立了行省，当时元朝共设立了10个行省，即岭北、辽阳、河南、陕西、四川、甘肃、云南、江浙、江西、湖广。元朝把今山东、山西和河北称为"腹里"，由中书省直辖。

元朝还有一个重要的制度，即等级制度。元朝疆域广大，治下人口众多，为了方便管理，更为了维护蒙古贵族的统治，元朝将全国的人分为四个等级，一等蒙古人，二等色目人，三等汉人，四等南人。最上等的是蒙古人，他们是蒙古帝国和元王朝的建立者，等级制度就是为他们服务的。第二等级的色目人，主要指西域人，他们是最早被蒙古征服的，如党项人、畏兀儿（即维

吾尔）人及其以西各族出身的人。第三等级的汉人，指的是淮河以北，原金国境内的汉、契丹、女真等族以及较晚被蒙古征服的四川、云南地区的人。至于第四等级的南人，大体是指最后被蒙古征服的原南宋境内的汉族人。

　　与等级制度并行的是一系列歧视、压迫汉人的不平等政策和法规。在刑罚上，蒙古人、色目人和汉人都分属不同的衙门审理。如果是蒙古人殴打汉人，汉人是不能还手的，即便是蒙古人打死了汉人，蒙古人最后也只会流放到边疆参军。又比如法律禁止汉人打猎、学习拳击武术、持有兵器、集会拜神、赶集赶场做买卖、夜间走路。为了防止汉人反抗，元朝在统一后没收了民间所有的兵器，就连百姓的菜刀，都规定十户共用一把，而管理菜刀的必须是蒙古人，只有经由他的同意，汉人才能借走。元朝统治者针对汉人的种种措施，并没有帮助元朝长治久安，反而激化了民族矛盾，为元朝的覆灭埋下了种子。

知识拓展

太师伯颜

　　太师伯颜曾经向皇帝提了一个极端荒唐的建议，就是把全国张、王、刘、李、赵这五姓的汉人都杀光。幸好元朝皇帝没有和他一样犯糊涂。伯颜一向仇视汉人、排斥汉文化，为了不让汉人做官，就下令废止科举。他还曾向皇帝建议：可千万别教太子识汉人字、读汉人书、跟着汉人学坏了，还说"汉儿人读书，好生欺负人"。

知识拓展

鲁班天子

元顺帝是元朝最后一位皇帝，他热衷于为近臣设计房屋图纸，并亲自制造极其逼真的房屋样模。他还曾经设计制造过精美的龙船：上面装饰的龙，眼口爪尾都能随船行而活动。元顺帝还制造过非常精确的宫漏，宫漏旁列着钟钲，还对应着两名金甲小人，入夜后这两个小人便会按更敲击钟钲，精确度非常之高。因此，人送他绰号"鲁班天子"。

脱脱改革

1341年，元顺帝起用名臣脱脱当政，开始进行改革，历史上称为"脱脱更化"。脱脱是元朝后期最有作为的政治家，他减免赋税、重开科举、平反冤假错案，使社会矛盾稍有缓和，政治一度转为清明。1343年，脱脱自任总裁官，组织各族学者共同修史，编成了《宋史》《辽史》《金史》三部书，功劳很大。1355年，因政敌攻击，脱脱被贬，之后被毒死。

元朝对边疆地区的管辖

元朝的地域辽阔，为了对广阔的疆域进行有效的治理，加强对边疆地区的管理，元朝采取因地制宜的方式，在东北、西北、东南、西南等地区设置了专门的管理机构。如在东南地区，元朝在澎湖岛设置了澎湖巡检司，负责管辖澎湖和琉球，琉球就是今天的台湾，这是中国历史上首次由中央政府在台湾地区正式建立行政机构。元朝还设置了北庭都元帅府这样的专门机构，用来管理西域的军政事务，以加强对西域的统辖。

同样是在元朝，中央政府对西藏开始正式行使行政管辖权。1247年，西藏萨迦派宗教领袖萨迦班智达与蒙古汗国皇子、西路军统帅阔端在凉州（今甘肃武威凉州区）白塔寺进行会谈，史称"凉州会谈"，并由萨迦班智达执笔，写了一封致西藏各地僧俗首领的公开信，即《萨迦班智达致蕃人书》。从此，西藏正式纳入中国版图。为了管理西藏事务，元朝设立宣政院，直接行使西藏地方管理权，后又分设三道宣慰司：吐蕃等处宣慰司都元帅府、吐蕃等路宣慰司都元帅府和乌思藏纳里速古鲁孙三路宣慰司都元帅府。在宣慰司之下，元朝又设安抚司、招讨司、宣抚司和元帅府、万户府等，这些机构的设置，都加强了元朝对西藏的地方统治。

有意思的是，忽必烈建立元帝国后，创立统一的、新的蒙古文字是由一个西藏人帮助完成的，这个人就是元朝的帝师八思巴。八思巴意为"圣者"，原名罗追坚藏，吐蕃萨斯迦（今西藏萨迦）人，是藏传佛教萨迦派第五代首领，西藏萨迦政权的创建者，第一任萨迦法王，也是元朝第一位帝师。1253年，八思巴就曾拜谒还是王子的忽必烈，为其施灌顶礼，被奉为上师。忽必烈即位后，尊八思巴为国师，统领天下佛教徒。1264年，八思巴领总制院事，统辖全国释教僧徒及吐蕃地区军政事务。1268年，八思巴制成以藏文字母为基础的蒙古新字，次年元朝廷下诏颁行全国，随后八思巴升号为"大宝法王"。八思巴还是元朝大都（今北京）的选址者、设计者、规划者。八思巴对西藏与祖国的统一、佛教开始传入内蒙古及华北等地、萨迦派在西藏的兴盛、西藏与中原的文化交流都做出了巨大贡献。

09 金与南宋的灭亡

> 南宋为了洗雪靖康之耻，联合蒙古灭掉金国，结束了宋金之间长达100余年的对峙。蒙古灭金之后，继续南下，灭掉了南宋。

前面我们说过，宋、辽、金的关系，就如同螳螂捕蝉，黄雀在后。先是辽不断入侵北宋，赢弱的北宋被强大的辽打得无还手之力，但最终灭掉北宋的不是辽，而是金。在辽宋对峙时期，金日益壮大，并在辽的背后不断捅刀子。金与北宋达成了著名的"海上之盟"，两国发兵共同对付辽国，而辽也被金所灭。辽灭亡后，金人继续南侵，最终导致靖康之难的发生，北宋灭亡。

同样的故事，同样的剧本，也发生在蒙古、金、南宋三国之间。就在金追着南宋"胖揍"的同时，北方的草原上，新的霸主——蒙古崛起了。南宋没有吸取北宋灭亡的教训，异想天开地与蒙古达成盟约，共同对付金。于是历史重演，南宋在同一个地方跌倒了，蒙古灭金之后，大军继续南下，灭掉了南宋。

金朝的终结

蒙古人和金人是世仇，成吉思汗的先祖就是被金人杀死的。为了防止蒙古人复仇，更为了抑制蒙古的崛起，金朝在强盛时期，对蒙古实行残酷的统治。其中最著名的"减丁政策"，就是金朝每年出兵到蒙古，在草原上大肆屠杀蒙古的青壮年，并在蒙古各部落之间制造矛盾和混乱，让其自相残杀。这些措施原本是有效的，但成吉思汗统一蒙古部落后，金人对蒙古的统治也就终结了。

金大安三年（1211年），在野狐岭（今河北张家口境内）发生了决定蒙古与金朝双方命运的战役。在这次战役中，成吉思汗亲自指挥，以10万大军对抗40多万金军，并以少胜多击败金军。金军伤亡20余万，余众逃散，从此金朝再也没有能力抵抗蒙古铁骑。其实，这时金朝的实力还是远大于蒙古的，当时金朝总人口已经发展到近5000万，比蒙古多40余倍，军队也在百万以上，比蒙古多出10倍。因此有人曾说："金朝如海，蒙古如一掬细沙。"然而，金朝自己不争气，最终导致了它的灭亡。

首先是统治者内部的迅速腐化，内部斗争越来越激烈。金朝在金太祖、金太宗时期曾强盛，但从金熙宗完颜亶开始，内乱就没停过，完颜氏分裂成多股力量，完颜亶最终死于内乱。靠作乱起家的完颜亮更是嗜杀成性，他在位期间，多位皇室宗亲惨遭清洗，最后完颜亮也死于内乱之中。经过多次政变，金朝早已分崩离析，多股势力一直相互倾轧，都想着如何除掉对方。如此一来，再强盛的实力也会在内耗中慢慢衰弱。到了金朝后期，金朝境内自然灾害频发，光是黄河决口就发生了多次，滔天的洪水淹没了大片的肥沃土地，这些受自然灾害影响最重的地区，都是金朝的富庶区域。在灾荒的影响下，大批农民流离失所，由此还引发了农民起义。这些都导致金朝的国力迅速衰弱。

金朝另一个失误，就是没有干涉蒙古发动对西夏的战争，任由西夏被蒙古灭掉。西夏一直是金重要的盟友，在对宋的战争中，西夏与金向来是"配合默契"的，然而这种默契，到了蒙古灭西夏时，就突然中止了。西夏的覆灭，让蒙古人可以心无旁骛，专心对付金。

蒙古在灭掉西夏后，为了灭掉金，向南宋发出了结盟邀请。1232年12月，蒙古遣使南宋，提议联合攻金，作为回报，蒙古同意灭金后将曾经的北宋故都所在——河南全境归还于宋。并不是所有的南宋人都是傻子。当年北宋联合金灭掉辽后，金人南下导致北宋灭亡的历史教训就在眼前。但或许是靖康之难的耻辱太让宋人无法忍受，他们急需报仇雪恨，哪怕是赌一把，赌"历史不会重演"。1234年，在蒙古和南宋的联合打击下，金朝最后的根据地蔡州被攻陷，金哀宗自杀，金朝灭亡。

金朝自1115年完颜阿骨打建立，到1234年灭亡，前后历经了120年，先后有10个皇帝。金朝在这100多年里，文化和习俗方面不断汉化，到了中期以后，女真贵族改汉姓、着汉服的现象越来越普遍，朝廷屡禁不止。后来，金世宗曾积极倡导学习女真字、女真语，但仍无法阻挡女真汉化的趋势。女真汉化可以说是一次民族融合，也可以说是女真族对汉人政治和文化的一次学习。虽然金灭亡了，它没能成为统一中国的王朝，但女真人的再次崛起将很快到来，在下一次的崛起中，他们将承担起统一中国的重任，这就是后金和清朝的故事了。

南宋的灭亡

历史就是这么无情，同样的剧情再次上演。蒙古大军在灭掉金之后，把马刀转向了南宋。此时的南宋，皇帝昏庸，真正的大权掌握在"蟋蟀宰相"贾似道的手中。贾似道这个人，对内铲除异己、祸国殃民，对外奴颜婢膝，南宋的江山一大半断送在他的手中。

面对蒙古大军的步步紧逼，以贾似道为首的南宋大臣们就像鸵鸟一样，以为把头埋进沙子里就万事大吉了。贾似道每天过着花天酒地的生活，他在西湖之畔有一座大庄园，里面栽满奇花异草，穷极奢华、占尽胜景，讽刺的是，这个庄园却取名为"后乐园"（"后乐"取"后天下之乐而乐"的意思）。这座庄园与皇宫隔湖相对，早晨听到上朝钟声，贾似道坐着船去上朝，船系在一条粗缆绳上，绳端连着一个大绞盘，行走不必划桨撑篙，十几个壮夫拼命推绞盘，船行如飞，一会儿便到宫前。贾似道赶走正直的大臣，把朝政都交给

知识拓展

韩侂胄"吃一盏"

南宋宁宗时，宰相韩侂胄（tuō zhòu）专权，任用小人，朝事日非。当时有人就在纸片上印"乌贼出没于潮"，在大街上边卖边喊："满潮都是贼，满潮都是贼。"又有卖浆子的小贩在一旁敲盏吆喝："冷的吃一盏，冷的吃一盏。""满潮都是贼"，"潮"即朝；"冷"即寒（韩），"盏"即斩。老百姓对韩侂胄的专权表示不满，所以编了这样的歌谣来讽刺他。

"蟋蟀宰相"贾似道

贾似道因为其姐为宋理宗宠妃，而得到重用，一路高升，做到宰相。宋理宗曾经夜里看到西湖上灯火通明，跟左右人说："这必定是贾似道。"一打听，果然就是他。理宗之后，是宋度宗继位，宋度宗和贾似道有着共同的爱好，那就是斗蟋蟀。贾似道曾写了一部斗蟋蟀的学术专著《促织经》，人称"蟋蟀宰相"。

大小门客处理，自己每日在园中享乐，只有年轻时结识的酒朋赌友能进贾府。一天，贾似道又趴在地上，与群妾斗蟋蟀玩，一个熟悉的赌友拍拍他的肩膀，笑着说："这就是平章的军国重事吧？"在宋代，"平章"是宰相的别称，贾似道也狂笑起来。因此，当时的人说："朝中无宰相，湖上有平章。"

1276年2月4日，元朝大军攻入南宋都城临安，俘虏了5岁的南宋皇帝恭帝赵㬎（xiǎn），南宋大势已去，名存实亡。不久后，南宋残余势力陆秀夫、文天祥和张世杰等人连续拥立了两个幼小皇帝（端宗赵昰、幼主赵昺），成立小朝廷。元军对小皇帝穷追不舍，1279年，宋朝最后的军队与蒙古军队在崖山进行了大规模海战，这也是中国古代少见的一场大海战。元军以少胜多，宋军全军覆没，陆秀夫彻底绝望，将国玺绑在幼主身上，背着他跳海自尽。而张世杰在突围后因飓风翻船而溺死。至此，南宋彻底终结。

需要提到的是，当时元军的统帅，是金朝降将张弘范。张弘范是汉人，不过是北方汉人，即当年绍兴和约时，南宋连土地带人民划给金朝的汉人。或许宋王朝的悲剧，在丢掉北方、偏安南方时，就已经注定了。

在南宋最终灭亡的历史悲剧中，文天祥成了这场悲剧的注解。文天祥，字宋瑞，江南西路吉州庐陵县人，是南宋末年杰出的政治家、文学家，抗元名臣，与陆秀夫、张世杰并称为"宋末三杰"。在南宋灭亡的前一年，文天祥因作战失利被俘，被押解到元将张弘范面前。文天祥宁死不屈，不肯行跪拜之礼，张弘范以客礼接见，同文天祥一起入崖山，要他写信招降张世杰。文天祥说："我不能保卫父母，还教别人叛离父母，可以吗？"此后张弘范又多次强迫文天祥写招降信，文天祥最后创作了《过零丁洋》这首诗回复他，在诗中文天祥写道："人生自古谁无死？留取丹心照汗青。"

当时元世祖忽必烈多方搜求有才能的南宋官员，降臣王积翁说："南人中没有比得上文天祥的。"于是忽必烈派王积翁去传达圣旨，文天祥说："国家亡了，我只能以死报国。倘若因为宽赦，能以道士的身份回归故乡，他日以世俗之外的身份作为顾问，还可以考虑。假如立即许以高官，不仅亡国的大夫不可以此求生存，而且把自己平生的全部抱负抛弃，那么任用我有什么用呢？"

忽必烈最终在元大都亲自召见了文天祥，在劝降无果后，问他："你有什么愿望？"文天祥回答："天祥深受宋朝的恩德，身为宰相，哪能侍奉二姓，愿赐我一死就满足了。"然而忽必烈还不忍心，急忙挥手要他退去。有人建议忽必烈答应文天祥的要求，忽必烈同意了，不一会儿又反悔，但文天祥已经遇害。临刑时，文天祥从容不迫，对狱中吏卒说："我的事完成了。"在向南方跪拜后，他从容就义，终年47岁。

单元总结

1 耶律阿保机 建立辽国

耶律阿保机出生于唐朝末年，活跃于五代前期。他所建立的辽国（契丹），幅员广阔，兵强马壮，给北宋王朝造成了极大压力。俄语发音中称中国为"契丹"，可见其影响。

重要人物

2 完颜阿骨打 建立金国

完颜阿骨打出生于王安石变法开始的前一年（1068年），死于北宋灭亡之前约四年（1123年）。女真族原本是在辽国的统治下，完颜阿骨打崛起后起兵反辽，成为金国的开国皇帝，后来又领兵灭掉辽国。在班师途中，完颜阿骨打去世，112年，金灭掉了北宋。

3 李元昊 西夏开国皇帝

李元昊出生于 1003 年，他的祖父原本是北宋的将领，在辽的支持下建立李氏政权，称王。李元昊即位后称帝，建立西夏，并先后打败北宋、辽，形成宋、辽、西夏三分天下的政治格局。

4 蔡京 北宋权臣

蔡京天资聪颖，擅弄权术。王安石认为新党成员中，有 3 个人是宰相之才，可以继承他的事业，一是他自己的儿子王雱（pāng），二是蔡京，三是吕惠卿。但蔡京崛起较晚，到宋徽宗时才做上宰相，一共掌权 17 年。

5 宗泽 抗金名将

靖康之变前，宋钦宗任命康王赵构为天下兵马大元帅，老将宗泽为副帅。赵构建立南宋后，任命宗泽为东京留守，抗击金兵。宗泽与金兵作战，十三战皆胜，但是受到主和派的阻挠，忧愤而死。

6 李纲 保卫东京

两宋之际的名臣，北宋末年东京保卫战的功臣。李纲是坚定的主战派，在朝廷中不被重用。他曾有一首《病牛》诗，表明心志："耕犁千亩实千箱，力尽筋疲谁复伤？但得众生皆得饱，不辞羸病卧残阳。"

重要人物

7 岳飞 尽忠报国

两宋之际涌现出来的抗金名将之一，南宋"中兴四将"之一。岳飞青年时遭逢北宋灭亡之变，怀着一腔热血从军，相传岳母在他背上刺字"尽忠报国"（常作"精忠报国"）。岳飞战绩卓著，但不幸被投降派以"莫须有"罪名害死。

8 秦桧 著名奸相

秦桧是宋高宗时的宰相，主和派领袖，宋高宗投降政策的坚定执行者。秦桧前后为相19年，权倾朝野，对南宋初期的政局影响极大。据说，太师椅就是官员为了讨好秦桧而特意发明的，秦桧被拜为太师，故称"太师椅"。

9 成吉思汗 黄金战神

世界历史上最伟大的政治家、军事家之一。他统一了蒙古各部，发动了一系列对外征服战争。成吉思汗一生经历 60 多次战争，横扫欧亚大陆，只有一战因实力悬殊主动撤退，其余都是逢敌必战、逢战必胜。他的家族被后世称为"黄金家族"。

10 忽必烈 元朝开国皇帝

成吉思汗之孙，建立元朝，完成了中国的统一。忽必烈是少数能够重视汉文化、推崇儒术的蒙古统治者之一，明清两朝对他评价都很高。

11 文天祥 宋末三杰之一

南宋末期，张世杰、陆秀夫、文天祥 3 位抗金领袖，被后人称为"宋末三杰"。文天祥被元军所俘，3 年而不肯降，终被杀害。他的名句"惶恐滩头说惶恐，零丁洋里叹零丁。人生自古谁无死？留取丹心照汗青"，激励着一代代中国人。

重文轻武，积贫积弱，在强敌环伺中艰难生存

第三章

灿烂的宋元文明

01 宋词

> 宋词代表宋代文学的最高成就，是中国古代文学桂冠上光彩夺目的明珠。两宋时期代表词人有豪放派的苏轼、辛弃疾等，以及婉约派的柳永、李清照等。

苏轼

词是诗的一种别体，最初称为"曲词"或者"曲子词"，也被称为近体乐府、长短句、词子、曲词、乐章、琴趣、诗余等，是配合宴乐乐曲而填写的歌诗。它起源于南朝，隋唐时期进一步发展为一种新的文学形式。到了宋朝，这种文学形式进入了全盛时期，被称为宋词。词有其固定的词牌，词牌是词的调子的名称，不同的词牌在段落、句数、每句的字数和平仄韵律上都有严格的规定。宋词是中国古代文学史上一颗璀璨的明珠，与唐诗齐名，后接元曲。根据宋词的风格，被分为豪放派和婉约派。

豪放派宋词

宋词分为两派，分别是豪放派和婉约派，该分类最早见于明代《诗余图谱》中："词体大略有二：一体婉约，一体豪放。婉约者欲其辞情蕴藉，豪放者欲其气象恢宏。"如婉约派秦观的名句"两情若是久长时，又岂在朝朝暮暮"，词语练达而凄美；豪放派苏轼的"大江东去，浪淘尽，千古风流人物"，气势恢宏，读起来荡气回肠。

南宋俞文豹在《吹剑续录》中记载了这样一个故事：有一天苏东坡在翰林院，见一个幕僚善于唱词，于是就问他："我作的词跟柳永的词比怎么样啊？"幕僚回答道："柳永作的词，只适合十七八岁的小姑娘，手持红牙板，唱'杨柳岸晓风残月'。而您作的词，必须是关西大汉，手持铜琵琶铁绰板，唱'大江东去'。"苏东坡听了之后，深以为然。

宋代豪放派的代表性词人有苏轼、辛弃疾、王安石、陆游等。苏轼是豪

知识拓展

文人雅号（一）

宋祁因为有名句"红杏枝头春意闹"，人称"红杏尚书"。秦观有名句"山抹微云，天粘衰草"，人称"山抹微云君"，苏东坡又把他和柳永并称"山抹微云秦学士，露花倒影柳屯田"。张先有名句"心中事，眼中泪，意中人"，人称"张三中"；但是张先自己更认可"张三影"的雅号，因他有三句带"影"字的得意名句（其一为"云破月来花弄影"）。贺铸因为有名句"梅子黄时雨"，人称"贺梅子"；又因他长相古怪，人称"贺鬼头"。蒋捷有名句"流光容易把人抛，红了樱桃，绿了芭蕉"，人称"樱桃进士"。张炎有咏西湖的名作《南浦·春水》，因此被称为"张春水"。

知识拓展

文人雅号（二）

欧阳修晚年自号"六一居士"，所谓"六一"：藏书一万卷，金石遗文一千卷，琴一张，棋一局，酒一壶，老头一个。晏几道因为多写优游生活，人称"云间公子"。王安石性情执拗，人称"拗相公"。司马光跟王安石差不多，固执己见，苏轼称他"司马牛"。苏轼曾在黄州城外东坡开荒种地，自称"东坡居士"。辛弃疾把自己的姓——"辛"字拆开，自称"六十一上人"。

放派词人的关键人物，正是因为他大力提倡写"壮词"，豪放派才得以发展，最终成就与婉约派"分庭抗礼"的地位。但苏轼并不是豪放派创始人，真正第一个写豪放派诗词的是范仲淹，他的《渔家傲·秋思》被视为豪放派宋词的开山之作，词中的末句"人不寐，将军白发征夫泪"，被千古传诵。

豪放派词人的代表苏轼是北宋中期的文坛领袖，在中国古代文学史上，绝对是"偶像"级的存在，他在诗、词、散文、书法、绘画、音乐等方面都取得了很高的成就。苏轼和他的父亲苏洵、弟弟苏辙被合称为"三苏"。苏轼代表作《念奴娇·赤壁怀古》，是一首怀古抒情词。词人游览赤壁，先从壮美的江山月夜景色写起，进而想到曾在这个地方征战的英雄人物周瑜，想到他的雄才伟略、儒雅风流，不禁联想到了自己被贬黄州、壮志未酬、功业未成，早早就白了头发，让人唏嘘。然而这样低沉的情绪并没有持续太久，词人没有消极萎靡，反而抒发了"人生如梦，一尊还酹江月"的豁达之情。全词将写景、咏史、抒情融为一体，景色壮阔，大气磅礴，词人的思想境界宏大，不拘泥于眼下，而是关注历史、人生甚至是整个大自然。词人的豪放胸襟让人佩服，给人撼魂荡魄之感。

苏轼不仅有豪放词，还有经典的婉约词。比如大家所熟知的"天涯何处无芳草""多情却被无情恼"，这两句都是他创作的《蝶恋花·春景》中的名句。词的上阕写青杏、燕子、绿水、人家，描绘了一幅灵动活泼的春景图。下阕写人，墙外行人的好奇对墙内佳人的冷漠。行人怅然若失，仿佛多情的自己被无情的少女所伤害。该词是一首伤春之作，墙外行人就是词人的化身，他想要奋发有为，追求"芳草"，可是偏偏事与愿违，"芳草"无情，多情被无情所恼，这样一组意象的刻画，表现了其郁郁不得志的心绪。全词词意婉转，韵味无穷。

在豪放派词人中还有一位重量级人物，与苏轼不相上下，二人合称"苏辛"，他就是辛弃疾。辛弃疾，山东东路济南府历城县（今山东省济南市历城区）人，南宋官员、将领、词人。辛弃疾出生时家乡被金人占领，为了保家卫国，年轻的辛弃疾参加起义，常年领导义军，一生致力于收复失地。但是

知识拓展

辛弃疾的故事

宋朝时，不是科举出身的士大夫很难发迹。辛弃疾说："这有什么难的，花300文买本科举范文集来读读就可以了。"之后，辛弃疾参加科举考试，果然中第。宋孝宗亲自接见他，说："此以三百青铜博吾爵者。"意思是，这就是那位花300文钱博了一个爵位的人。

当权者偏安一隅，不思进取，使得辛弃疾一腔抱负难以实现。辛弃疾的词主要是以豪放为主，题材广、多用典，词作中多是对国家兴亡和民族命运的担忧，谴责当权者屈辱求和、倾诉自己壮志未酬和对国家统一的渴望，以及对祖国壮丽山河的热爱。

《破阵子·为陈同甫赋壮词以寄之》是辛弃疾的代表作，"醉里挑灯看剑，梦回吹角连营。八百里分麾下炙，五十弦翻塞外声，沙场秋点兵。"词人酒醉不断擦拭自己的宝剑，恍惚间回到早年沙场点兵的情境。现实与梦境的强烈对比，表达了作者英雄迟暮、爱国之心不变却难以实现国家统一的悲愤之情。这首词描写了一位想要杀敌报国、建功立业却年老体迈的将军形象。

南宋还有一位和辛弃疾经历相似的爱国诗人，在国破家亡之际也曾上战场保家卫国，他就是陆游。陆游也是豪放派词人的代表，他的代表作《诉衷情·当年万里觅封侯》从追忆写起，回忆当年为了建功立业单枪匹马上战场的情景，然而梦醒之后只有落灰的貂裘还能证明这是真实存在过的。如今双鬓灰白，年老体衰，可敌人还未消灭，一心想要上前线，人却要老死在沧州。出师未捷身先"老"，多么凄凉的感慨啊！全词通过今昔对比，表达了词人报国无门、壮志未酬的愤慨之情。

南宋的豪放派中还有一位不得不提的词人，那就是岳飞，他的著名词作《满江红·怒发冲冠》流传至今，被人谱曲成歌，经久传唱。全词读起来感情激荡，气势磅礴，爱国之情溢于言表。词的上阕"怒发冲冠"抒写词人之"怒"，因为中原沦陷，多年来的努力付诸东流。词的下阕"靖康耻，犹未雪"表达词人的"恨"，靖康之耻还未雪，大恨深仇还未报。词人期盼国家统一，收复旧山河，回京向皇帝报捷。整首词短小精悍，情感充沛，佳句多，流传广。词中更是表现了词人奋发向上、保家卫国的浩然正气，值得一读再读。

婉约派宋词

与豪放派相对的是婉约派。言情是婉约词的传统题材，或讲爱情，或表达伤世之情等。结构上多缜密，注重诗词的可歌性也就是诗词的音律感，往往需要锤字炼句，审音读曲，语言圆润清丽，婉转和谐，适合传唱。前面提到的柳永，著名女词人李清照，以及姜夔、吴文英等都是婉约派的代表人物。还有一位婉约派词人不仅影响了婉约派，还影响了豪放派。他就是南唐亡国之君李煜，虽然李煜不适合当君主，但是他多才多艺，是不可多得的优秀词人。

李煜的《相见欢·无言独上西楼》被后世尊为婉约词的开山之作。这首词创作的背景是宋朝灭掉南唐，李煜国破家亡，被囚禁于开封。失去人身自由的李煜，在词中表达了他对去国离乡的悲痛之情，"剪不断、理还乱，是离愁"常被世人引用形容离别愁绪无法排解之苦。而李煜身处此景，从原来高高在上的一国之君，变成了阶下之囚，如此落差，必然会让人在今昔对比中无比痛苦。中国古典文学研究专家叶嘉莹曾说：李后主的词是他对生活的敏锐而真切的体验，无论是享乐的欢愉，还是悲哀的痛苦，他都全身心地投入其间。有的人活过一生，既没有好好地体会过快乐，也没有好好地体验过悲哀，因为他从来没有以全部的心灵、感情投注入某一件事，这是人生的遗憾。

柳永也是婉约派的代表人物，他的原名叫柳三变，因为排行第七，又称柳七。他出身于官宦世家，曾立志要考取功名，然而事与愿违。他多次参加科举考试，总是落榜，难免就发了些牢骚，写了一首词《鹤冲天·黄金榜上》。他恃才傲物，在词中抒发自己科举不中的失意和不满，说自己要"忍把浮名，换了浅斟低唱"。不久之后，柳永再次参加科举考试，这次原本榜上有名，但宋仁宗看到柳永的名字，想起了他那首被人传唱的牢骚词，就把柳永的名字划

知识拓展

柳永的故事

柳永仕途坎坷，到晚年才做上小官，以屯田员外郎退休，所以世称"柳屯田"。他曾经拜访同为著名词人的宰相晏殊，想走后门，晏殊冷淡地说："我虽也写词，可写不出'针线闲拈伴伊坐'这样的句子。"晏殊嫌弃柳永的词格调不高，语多鄙俗。但也正因为柳永多写市井生活，所以他成为当时最杰出的"通俗作家"，影响极大，以至于"凡有井水饮处，皆能歌柳词"（有人居住的地方，就有人会唱柳词）。

掉了。于是，科举场上少了一个"官迷"，民间则多了一个才华横溢的词人。为此，柳永还自嘲为"奉旨填词"。

柳永的词，根据其内容，大概可以分为三类题材，一类是描写市民阶层男女之间的爱情，一类是描写北宋城市生活和市井风光，还有一类是描写羁旅行役所见所感。柳永的词很有生活气息，他大量描写普通男女的爱情，词作中的女主人公多是不幸沦落青楼的女子。柳永的代表作有《雨霖铃·寒蝉凄切》《八声甘州·对潇潇暮雨洒江天》《轮台子·一枕清宵好梦》等。柳永多与教坊乐工和歌伎交往，他为乐工和歌伎填词，供他们演唱。

女词人李清照，山东济南人，号易安居士，被称为"千古第一才女"。她出身于书香门第，早年生活富足，良好的家庭环境为她打下了深厚的文学基础。她的第一任丈夫赵明诚是金石学家，他们夫妻恩爱，生活无忧无虑。可好景不长，金人南下之际，赵明诚不幸去世，李清照被迫南渡，颠沛流离、国破家亡的冲击使得她寄情于诗词创作。她的创作分为两个时期，前期多描写未落难之前的悠闲生活，后期则是描写南渡以后，身世飘零、远离家乡、四处避难的沉郁凄婉。

《声声慢·寻寻觅觅》是李清照的代表作，词的开头用一连串叠词"寻寻觅觅，冷冷清清，凄凄惨惨戚戚"，描绘出秋天清冷惨淡的气氛，抒发了作者的孤单寂寥、沉重哀婉之情。词人在颠沛流离中，孤身一人，目睹国家破败，所见所闻皆绘成词人笔下的悲秋图。词中意象凄凉，词人一直在找寻，也许是对丈夫赵明诚的怀念，也许是对故国家乡的思念。

除了词，李清照的《夏日绝句》也是被人传诵的经典怀古诗，"生当作人杰，死亦为鬼雄。至今思项羽，不肯过江东"。这首诗以咏史为题材，借评价项羽，抨击南宋统治者偏安一隅，无心收复失地。可见，即便是婉约派的女词人，也有坚韧的风骨。我们也不难看出，宋词词人确实有豪放派和婉约派之分，但论的只是主要作品，豪放派词人写的婉约词也是情意绵绵，而婉约派词人写的豪放词同样气势磅礴。

知识拓展

王国维的"三境界说"

近代学者王国维在《人间词话》中说："古今之成大事业、大学问者，必经过三种之境界。"这三种境界，用的都是宋词名句。第一境："昨夜西风凋碧树，独上高楼，望尽天涯路"，出自晏殊。第二境："衣带渐宽终不悔，为伊消得人憔悴"，出自柳永。第三境："众里寻他千百度，蓦然回首，那人却在灯火阑珊处"，出自辛弃疾。

02
元曲

> 元曲是始于宋代、盛行于元代的一种文艺形式，包括杂剧和散曲。代表作家及作品有关汉卿的《窦娥冤》、马致远的《汉宫秋》、郑光祖的《倩女离魂》、白朴的《墙头马上》等。

关汉卿

谈及中国古代的经典文化，在唐诗、宋词之后，紧跟着的就是元曲。诚然，相较于唐诗宋词的光彩夺目，元曲似乎被冷落了很多，甚至有人认为元曲是登不了大雅之堂的。这或许与元曲的产生有关。

元曲在元代被称为乐府，它源自词，更准确地说，源自金词。与宋词不同，金词在词句的使用上更倾向于世俗、率真、诙谐和浅白，并吸收了大量北方的俚歌俗调。还有个特殊的原因是，在元代，因为统治者实行民族歧视政策，很多汉族的文人没有科举之路可走，再加上不合作的避世思想，玩世不恭的社会思想涌动，这些文人大量出入妓院和酒肆，与歌姬舞女混在一起。于是，青楼酒肆的民歌俗曲，与文人们的诗词互相唱和，相互影响，久而久之，元曲这一特殊的文学形式，就在雅俗交融间产生了。

元曲四大家

在众多的元曲作者中,关汉卿、白朴、郑光祖和马致远四人代表了元代不同时期不同流派元曲创作的最高成就,他们被合称为"元曲四大家"。

"元曲四大家"之首是关汉卿,汉卿是他的字,他原名叫什么,已经不得而知了,只知道他是山西运城人,也有学者认为他是北京人。关汉卿一生之中创作的元曲戏剧作品非常多,据记载有60多种剧目,很可惜,这些剧目的剧本大多数已经失传了。关汉卿创作的元杂剧,题材广泛,故事情节感人肺腑,有悲剧、有喜剧,还有滑稽剧。关汉卿的杂剧以讽刺和鞭笞的形式,深刻地揭露了元代黑暗腐朽的社会现实,他的《窦娥冤》《救风尘》《望江亭》《单刀会》都是脍炙人口的作品。

关汉卿创作的题材内容几乎涵盖了元代社会生活的方方面面,堪称元代历史的百科书。他的杂剧内容主要可分为三类:一类是涉及官员审理、百姓诉讼的官场公案剧,如《窦娥冤》《蝴蝶梦》《鲁斋郎》等。此类杂剧揭露当时社会环境的动荡不安,政治黑暗腐败,百姓生活在水深火热之中,讴歌了百姓敢于反抗斗争的精神。一类是女性思想觉醒的婚姻爱情剧,如《救风尘》《望江亭》《拜月亭》等,这类剧作主要描写社会底层妇女对不幸生活进行反抗,以及她们对婚姻自主选择的渴望。最后一类是历史剧,以《单刀会》最为突出,剧中的英雄人物多有拯救天下苍生的任务,通过历史英雄人物的演义,满足读者对了解历史人物的需求。关汉卿对戏剧创作有着极高的追求,他的创作态度严肃。他的作品多反映社会现实,有批判现实的战斗精神,正如他在《一枝花·不伏老》中狂妄倔强的表示:"我是个蒸不烂、煮不熟、捶不扁、炒不爆、响珰珰一粒铜豌豆。"他的高质量作品奠定了他在元代剧坛上的极高地位。

白朴，字仁甫，河南开封人，晚年寓居金陵，虽然他出生于官宦世家，但他本人一生未仕。白朴的父亲做过金国的官员，金国被蒙古灭掉后，白朴随父亲又投奔了南宋，不久后，南宋也被蒙古所灭。在经历了两次亡国之事后，白朴对政治已经丧失了兴趣，转而放浪形骸，纵情于山水之间。但他并不能真正遁世，在颠沛流离间他目睹了战争的创伤，曾经繁华的城市在战火中化为废墟，老百姓的生活更是苦不堪言。他用笔下的元曲，来宣泄对蒙古统治者发动战争的怨愤。

白朴的代表作主要有《唐明皇秋夜梧桐雨》《裴少俊墙头马上》《董秀英花月东墙记》等。其中《唐明皇秋夜梧桐雨》取材于唐玄宗与杨玉环的爱情故事。戏的楔子写安禄山损军失机按律当斩，但唐明皇昏庸，赦免了他的死罪，杨贵妃还收安禄山为义子，这为安史之乱埋下了祸根。第一折写唐明皇与杨贵妃钗盒定盟，讲述了唐明皇宠爱杨贵妃，不理朝政，荒诞淫乐。七月七日乞巧节这天，在长生殿与杨贵妃共度七夕，此时二人的爱情有多么甜蜜，就预示着他们的结局是多么苦涩。第二折写安禄山起兵造反。紧接着第三折写唐明皇仓皇出逃为保命舍弃杨贵妃。第四折写肃清安史之乱后，唐明皇退为太上皇，他日夜思念杨贵妃，为梧桐雨声惊醒，追思往事，悲伤不已。该剧被列为元杂曲四大悲剧之一。

另一部《裴少俊墙头马上》则是一个结局团圆的爱情故事。故事说裴少俊去洛阳挑选奇花异卉，路过李家花园时，遇到了正在墙头张望的李千金，两人一见钟情，彼此心生爱慕。两人相约在后花园见面，因私会时被嬷嬷撞破，遂决定私奔，待日后得官认亲。李千金随裴少俊到裴家，匿居七年生下一儿一女。不料，某日被裴少俊的父亲裴行俭发现，他刁难李千金，还逐她离开裴家。不久之后裴少俊高中状元，前来认亲，裴行俭向李千金认错，最后李千金与裴家和好，一家团圆。这部剧通过裴少俊与李千金的爱情故事，赞美了青年人对爱情的忠贞和对婚姻自由的向往。

郑光祖是山西临汾人，在杭州做个小官，但他显然是不适应官场的黑暗，在官场上混不下去，仕途不顺。自南宋时起，杭州风景优美，各种青楼酒肆林立，郑光祖与其中的伶人歌女们来往甚密，于是郑光祖将自己的全部身心投入伶人歌女所推崇的杂剧创作中。当时的伶人歌女都尊称其为郑老先生，而他的作品通过伶人歌女的传播，在民间产生了广泛的影响。郑光祖死后，无人安葬他，伶人歌女们将其火化后，安置在了杭州的灵隐寺中。

郑光祖最出名的作品是《倩女离魂》。故事讲述了王文举与倩女指腹为婚，王文举的父母双亡后，倩女的母亲想要悔婚，遂借口说只有王文举考上进士才能成婚。倩女不同意母亲的做法，她很喜欢王文举。在王文举赴京赶考柳亭相别后，倩女抱病，她的魂魄离了原身，追随王文举一起进京。等王文举状元及第后，从京城返回去赴官，顺便探望岳母时，才得知此事，最后倩女魂魄归家与身体合一，恩爱夫妻最终大团圆。《倩女离魂》是一部经典的浪漫主义作品，它与《裴少俊墙头马上》《拜月亭》《西厢记》合称为元曲四大爱情剧，在民间广为流传。

马致远是元曲四大家中的另类，他与其他三位不同，马致远热衷于求取功名，为了当官，他甚至曾向元朝太子孛儿只斤·真金献诗。不过事与愿违，他的仕途也不怎么顺利，晚年隐居在杭州。马致远最出名的元曲作品是《江州司马青衫泪》，又称《青衫泪》，这是根据唐代白居易的长诗《琵琶行》演绎之作，全剧分为四折，化用了白居易的《琵琶行》，编撰出一个子虚乌有的爱情故事。在剧中，诗人白居易与琵琶女裴兴奴不只是萍水相逢，他们之间还发生了一段曲折的爱情故事，最终白居易与琵琶女相爱相惜，走到了一起。

不过，马致远真正最让人熟知的是他的元曲小令——《天净沙·秋思》，全曲很短，仅5句28字，却成为很多人眼中元曲的"巅峰"：枯藤老树昏鸦，小桥流水人家，古道西风瘦马。夕阳西下，断肠人在天涯。

《窦娥冤》与《西厢记》

在中国古代历史上，有两部元曲名剧《窦娥冤》和《西厢记》对世人的影响很深。其中关汉卿的《窦娥冤》讲述的是楚州贫儒窦天章借蔡婆婆的钱无法偿还，不得已将女儿端云（窦娥）卖给蔡家做童养媳，然后他拿着盘缠进京赶考去了。窦娥到蔡家没两年，丈夫生病去世，只剩她与蔡婆婆相依为命。谁想到，蔡婆婆外出讨债遇到流氓张驴儿父子俩，张驴儿父子见蔡家婆媳无依无靠，便赖在蔡家，逼迫蔡婆婆嫁给张老儿。张驴儿想要霸占窦娥，见她不肯，便生出一计，张驴儿想毒死蔡婆婆要挟窦娥，结果毒死了其父张老儿。张驴儿告官诬陷窦娥，知府是个贪官，想要屈打成招，就严刑拷打婆媳二人，窦娥不忍婆婆受苦，含冤认下罪行。窦娥在行刑前发誓，倘若自己是被冤枉的，死后便会血溅白练、六月飞雪、大旱三年。窦娥死后，这三件事都一一应验。三年后窦天章任廉访使到楚州视察，窦娥托梦给窦天章，于是窦天章重审此案，为窦娥沉冤昭雪。

《西厢记》全名《崔莺莺待月西厢记》，是王实甫的作品，在中国文学史和中国戏曲史上都占有很重要的地位。该剧用了五本二十一折连演一个故事——前朝崔相国去世，夫人郑氏携女儿崔莺莺扶柩至博陵安葬，因路途受阻，暂寄河中府普救寺内。书生张生父母双亡，四处游历，因其八拜之交杜确在河中府，就游历到此处。张生偶遇玩耍的莺莺，一时难以忘怀，得知莺莺住在普救寺，便对寺内长老说借住西厢房。张生从和尚那里得知莺莺每夜都到花园内烧香，特来偷看莺莺，随即吟诗一首："月色溶溶夜，华阴寂寂春；如何临皓魂，不见月中人？"莺莺回应道："兰闺久寂寞，无事度芳春；料得行吟者，应怜长叹人。"二人互生情愫。叛将孙飞虎听说莺莺貌美，围住普救寺，想要掳其为妻。崔夫人无法，只好承诺谁能杀退敌军，便将莺莺许配给谁。恰好张生的好友白马将军在附近驻守，张生写信给白马将军，请求他帮忙打退孙飞虎。白马将军一举击败孙飞虎，但崔夫人却变卦了，只让张生与莺莺结拜为兄妹，这使张生和莺莺都很痛苦。丫鬟红娘知道后，偷偷安排他们相会。被崔夫人发现后，红娘求情，无奈之下崔夫人同意张生娶莺莺，但是张生必须考取功名之后才能完婚。最后张生一举及第，与崔莺莺终成眷属。

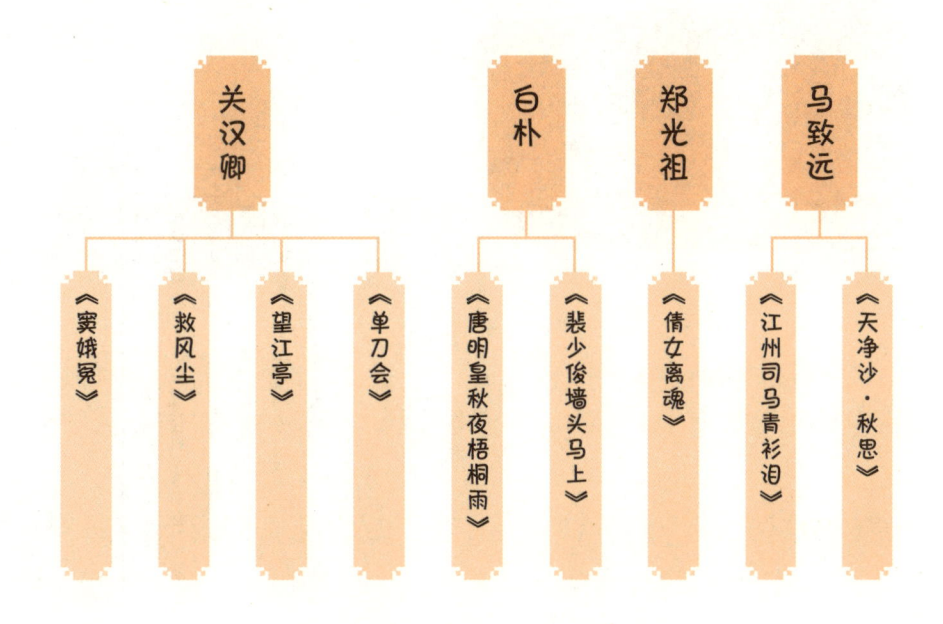

- 关汉卿
  - 《窦娥冤》
  - 《救风尘》
  - 《望江亭》
  - 《单刀会》
- 白朴
  - 《唐明皇秋夜梧桐雨》
  - 《裴少俊墙头马上》
- 郑光祖
  - 《倩女离魂》
- 马致远
  - 《江州司马青衫泪》
  - 《天净沙·秋思》

元曲四大家及其代表作

03
司马光与《资治通鉴》

> 司马光是北宋著名的政治家、史学家、文学家,他最大的历史贡献是主持编撰了编年体通史《资治通鉴》。流传至今的还有他砸破水瓮智救小伙伴的故事。

司马光

　　司马光小的时候和小伙伴在花园中玩耍,有一个小孩子爬到水瓮上玩,不小心掉进了瓮里。别的小孩看到这一幕,都大惊失色地跑掉了,司马光却没有慌张,他急中生智,从地上捡起一块大石头,使劲向水瓮砸去,瓮破了,水流出来,小孩得救了。这是记载在《宋史·司马光传》中的故事,故事的主人公司马光,是北宋著名的政治家、文学家、史学家,他一生的著作颇丰,其中最著名的就是对后世影响深远的编年体通史《资治通鉴》。

司马光其人

司马光出生于宋真宗天禧三年（1019年），祖籍山西夏县，出生于河南光山，因为当时司马光的父亲司马池正任光山县令，所以司马光的名字便来源于光山的"光"。司马光的家族非常显赫，世代为官，其祖上可以追溯到三国时期司马懿的弟弟司马孚。司马光从小就接受了良好的教育，据说他7岁时就能背诵《左氏春秋》，并对其中的内容分析得头头是道。不难看出，司马光很早就表现出史学方面的天赋。"读万卷书，行万里路"，这是少年时司马光的真实经历，因为父亲辗转各地为官，司马光也跟随父亲，走遍了山河大地。

司马光12岁的时候，司马池被任命为利州转运使，利州在今天的四川广元，司马光跟着他的父亲从开封，经洛阳、宝鸡，走汉中，翻越秦岭前往广元，行程数千里，父亲一路上给他讲述这些地方曾经发生过的朝代兴亡往

知识拓展

司马光的故事

司马光的一个老仆人，一直称呼他为"君实秀才"。一次，苏轼来到司马光府邸，听到仆人的称呼，不禁好笑，故意逗他："你家主人不是秀才，已经是宰相了，大家都称他'君实相公'！"老仆大吃一惊，以后见了司马光，都毕恭毕敬地尊称"君实相公"，并高兴地说："幸得大苏学士教导我……"司马光跌足长叹："我家这个老仆，活活被苏子瞻教坏了。"

事，让司马光受益匪浅，这也是司马光博学多才的原因之一。当时的很多大臣和名士都很欣赏司马光，尚书张存早早地就选了司马光做自己的女婿。而副宰相庞籍在司马池去世后，就干脆把司马光带在自己身边，当儿子一样教育培养。

北宋的文人想要做官，科举考试是唯一的门径，司马光也不例外。凭借年少时的学习积累，司马光20岁时就考中了进士，从此步入仕途。和大多数人一样，司马光也是从基层干起的。他最初的职务是华州判官，随后又担任过主簿和知县一类的地方官，因为政绩突出、口碑很好，再加上庞籍的推荐，司马光被调入京城，先是做了一阵子研究学术的官员，后被调入史馆，校注典籍，专任史官。在此期间，司马光读到了史馆中典藏的大量史书，潜心研究历史，为以后编撰《资治通鉴》打下了坚实的学术基础。在京城期间，司马光结识了与自己兴趣相投、学问水平很高的王安石、包拯等人，度过了一段"书生意气，挥斥方遒"的激情岁月。

司马光第一次在京做官的时间不长，约有3年，后来庞籍被罢免宰相，出任郓州知州，司马光跟着一起倒霉，出任郓州典学，重新做了地方官。司马光在地方上又折腾了五六年，才重新回到京城为官。在宋仁宗和宋英宗时期，司马光在朝廷中多是担任谏院言官的职务，这期间他给皇帝上了很多份奏疏，有修身要领、治国纲要、民间疾苦、厉行节约等内容。很显然，这些事情都是不怎么讨皇帝喜欢的，且同僚们也不买账。直到宋神宗即位，在另一位牛人欧阳修的极力推荐下，司马光才升任了翰林学士、御史中丞。但宋神宗更欣赏王安石，此时的王安石已经担任了参知政事，主导变法，就是北宋历史上著名的"王安石变法"。

王安石变法就像一场巨大的旋涡，北宋很多杰出的人物都被卷入其中，他们因为变法而分化为两派，即变法派和反对变法派，一般称之为改革派和守旧派。司马光就是所谓的守旧派，在王安石变法开始时，司马光并不反对，然而两人在改革的具体方式上产生了分歧。司马光与王安石起初在"理财"

方面意见不统一，司马光认为应该注意"节流"，即减少政府支出；而王安石则认为应该"开源"，应从各方面增加政府的财政收入。后来，王安石又提出数项改革措施，如青苗法、免役法等，这些改革措施在一定程度上有利于生产发展，但在一定程度上也损害了贫民的利益。再加上王安石在变法过程中用人不当，使得司马光对王安石意见很大，他曾三次写信给王安石，阐述自己的观点，但王安石不以为然。于是，两人从朋友变成了政敌，不过他们俩还都是有底线的君子，私谊尚存。

宋神宗在位时，王安石变法搞得有声有色，司马光反对无效，只能选择"不合作"的态度，拒绝皇帝的提拔任用，闭门著书。为了远离政治中心，全身心编撰《资治通鉴》，司马光干脆自请离开京城，到地方为官，并带着他的"书局"队伍，选择了洛阳这个不远不近的"宝地"。15年后宋神宗去世，10岁的宋哲宗即位，皇太后下诏起用司马光，并任命他为副宰相。此时的司马光已经快70岁了，但只要还有一口气在，他就必须完成自己的"使命"，那就是推翻王安石变法的所有举措。据说司马光有一次病得很重，以为自己快死了，得知免役法和青苗法还没废除，无限伤感地说："这些法令没废除，我死不瞑目啊！"不久后，司马光正式拜为宰相，在他死之前，彻底废除了王安石变法的各项举措，赢得了政治斗争的胜利。值得一提的是，司马光和王安石都死于元祐元年（1086年），他们死后，改革派和保守派的政治斗争并没有结束，最终又引出了著名的"元祐党人"案，而司马光正是所谓的"元祐奸党"之首。

《资治通鉴》

司马光编撰的《资治通鉴》历时19年完成，是一部宏大的编年体史书。

知识拓展

关于《资治通鉴》

《资治通鉴》编成后，宋神宗给予高度评价，并亲自写了一篇序文。到了宋徽宗时期，宰相蔡京打着尊崇王安石变法的名义，把反对变法的司马光、苏轼等人都打成奸党，刻石勒碑，即"元祐党案"；并要求禁毁"奸党"成员的学说，其中就包括司马光的《资治通鉴》。这时，有人站出来说："书上还有神宗皇帝的序文，也要烧毁吗？"新党自然不敢动皇帝的文字，只好作罢，《资治通鉴》也因为这篇序文，才没有被禁毁。

全书一共294卷，约300万字。该书由宋神宗赐名，他认为"鉴于往事，有资于治道"，以历史为鉴来加强政权统治，因此叫《资治通鉴》。该书以时间为横坐标、以事件为纵坐标，从春秋战国写起，涵盖16个朝代，1362年的历史，直到宋朝建立之前停笔。全书按朝代分为16纪，分别为《周纪》（5卷）、《秦纪》（3卷）、《汉纪》（60卷）、《魏纪》（10卷）、《晋纪》（40卷）、《宋纪》（16卷）、《齐纪》（10卷）、《梁纪》（22卷）、《陈纪》（10卷）、《隋纪》（8卷）、《唐纪》（81卷）、《后梁纪》（6卷）、《后唐纪》（8卷）、《后晋纪》（6卷）、《后汉纪》（4卷）、《后周纪》（5卷）。全书体例严谨，史料充实，内容涵盖政治、历史、军事，还有文化、科技、经济等方面，清晰展示了各朝历代的发展情况，为后人了解历史和研究历史提供了蓝本。

在政治、历史、军事内容方面，书中有历代君臣治乱，如楚汉相争、王莽乱政；有各国政治改革，如吴起在楚国厉行革新，秦国采用商鞅变法；还有叙述各族人民的生活与斗争史。在文化思想方面，上至先秦的百家争鸣，下至汉初的黄老思想，汉武帝的"罢黜百家，独尊儒术"，魏晋玄学盛行，以及儒教、道教、佛教的斗争也有记述。书中还记载了农业上的科技发展，比如天文历法、水利工程情况，涉及百姓生活的方方面面都有反映。在经济方面，针对田地与赋税政策，各朝各代都有不同，商鞅变法中"废井田，开阡陌"，北魏孝文帝的"均田制"等都有记载。

《资治通鉴》是历代君王的枕边书，其地位可以与司马迁的《史记》相提并论。司马光与司马迁也被世人称作"史学两司马"，在中国历史上影响深远。近代学者梁启超评价说："司马温公《通鉴》，亦天地一大文也。其结构之宏伟，其取材之丰赡，使后世欲有著通史者，势不能不据为蓝本，而至今卒未有能愈之者焉。温公亦伟人哉！"

04
宋元的书法与绘画

宋元经济发展迅速，为文化艺术的发展奠定了基础，其中书法和绘画取得了非凡的成就。书法有苏、黄、米、蔡四大家各领风骚；绘画则有张择端创作的著名长卷，被誉为宋代历史"写真集"的《清明上河图》。

张择端

宋元时期，中国的书法和绘画艺术迎来了历史上的高峰，这一时期的书法承唐继晋、上接五代，开创了书法的新风，其盛行的随意挥洒的行书，影响了后世。宋代的苏轼、黄庭坚、米芾、蔡襄的书法推陈出新，艺术成就很高，被后世尊为"宋四家"。在绘画艺术上，宋元时期题材广泛，风格多样，技巧成熟。张择端和赵孟頫两位画家，更是中国古代绘画艺术史上的巅峰。除此之外，宋徽宗赵佶虽然在政治上是个昏庸无能的皇帝，但他在书法和绘画方面堪称双绝，如果要评选最有文艺范的皇帝，非他莫属。

知识拓展

书法"宋四家"

"宋四家"是中国北宋时期4位书法家苏轼、黄庭坚、米芾和蔡襄的合称。这4个人大致可以代表宋代的书法风格，而且成就最高，故称"宋四家"。有意思的是，自明清以来，有很多人认为4人中的蔡襄原本应该是蔡京，但蔡京作为一个奸臣，名声实在是太臭了，所以蔡襄替换掉了蔡京。看来，无论做什么事，名声很重要，因为蔡京是奸臣，所以连入选顶尖书法家的资格都被取消了。

"宋四家"中个性鲜明、作品更为人熟知、令人印象深刻的当数苏轼了，他书法写得好，绘画技艺精湛，诗词流传广，在文学方面也有很深的造诣。苏轼还是个兴趣广泛、幽默逗趣的人，他喜好美食，东坡肉就是以他的名字命名的。他不仅会吃，还会烹饪，在医药、水利等方面也有涉猎。苏轼代表着宋代文化精神所在，他学艺精湛、人生态度豁达，是一个真正热爱生活、有

涤亲溺器

黄庭坚是有名的孝子。他虽然做了大官，但仍然侍母至孝，每天晚上，都亲自为母亲洗涤溺器（便桶）。有人劝他这种事让仆人来做就行了，但黄庭坚认为，亲自做，才是不敢忘记身为人子应尽的职责。这就是《二十四孝》中"涤亲溺器"的故事。

思想深度的文人。

苏轼的书法从"二王"（王羲之和他的儿子王献之），对前人颜真卿、柳公权、褚遂良等人的书法也有吸收，他在继承传统的基础上努力革新。苏轼在评价自己的书法时说："作字之法，识浅见狭学不足，三者终不能尽妙，我则心目手俱得之矣。"他在谈到书法创作过程时说："我书意造本无法，点画信手烦推求。"丰富的人生阅历、坎坷的官场生涯，致使苏轼的书法风格跌宕，存世作品有《前赤壁赋》《黄州寒食诗帖》《祭黄几道文》等。

中国现代著名作家林语堂曾说："像苏东坡这样的人物，是人间不可无一难能有二的。"苏轼凭借杰出的文学作品和独特的人格魅力声名远播，以至于他的作品传播到辽国、西夏等地。北宋末年苏轼因卷入政治案件中，朝廷曾禁止他的作品流传，结果却适得其反，苏轼的作品反而越传越广。

苏轼的名望吸引了众多学生拜在他的门下，其中最负盛名的"苏门四学士"有黄庭坚、张耒、晁补之和秦观。与苏轼并称"宋四家"的黄庭坚，在文学与书法造诣上深受苏轼的影响。苏轼曾夸赞黄庭坚的诗为"山谷体"。黄庭坚的书法风格承袭多家，其中手札小行书在很大程度上向苏轼学习，他在书论中对苏轼也是推崇备至。即便后来苏轼被贬海南岛，黄庭坚名气一度上升与苏轼不相上下，他也十分谦逊，依旧敬重老师。晚年，黄庭坚将老师苏轼的画像挂在家中，每日晨起上香施礼。

黄庭坚的书法风格独树一帜，他擅长行书、草书和楷书。除了研习老师苏轼的作品，他还十分喜欢王羲之的《兰亭序》。他十分聪明又刻苦钻研，在书法研习中有独特的领悟，因此能够融会贯通，自成一派。

有意思的是，黄庭坚还是最早收藏化石标本的人。南京古生物博物馆在"远古时代的动物明星——头足类"展览上，曾展出一块由黄庭坚收藏的珍贵化石，这是一块距今约4.6亿年的"中华震旦角石"，化石的侧面保留了黄庭坚的真迹："南崖新妇石，霹雳压笋出。勺水润其根，成竹知何日。"署名"庭坚"，句末还盖有印章。

在"宋四家"中，米芾算是一个另类，比起其他人的超凡脱俗，米芾更让人捉摸不透。在常人看来，他甚至有一点疯疯癫癫的，因此，米芾绰号"米颠"。米芾擅长篆、隶、楷、行、草等书体，临摹古人书法到了痴迷的地步，他临摹的前人作品，甚至可以达到以假乱真的程度。米芾的主要作品有《蜀素帖》《张季明帖》《李太师帖》《紫金研帖》《淡墨秋山诗帖》等，他所书的《蜀素帖》又称《拟古诗帖》，是天下第八行书，被后人誉为中华第一美帖。

米芾书法成就以行书为最大，南宋以来的著名汇帖中，多数刻其书法，流传之广泛，影响之深远，在"宋四家"中，当首屈一指。米芾习书有个特点是他擅长"集古字"，他习惯从古人的单个字中反复琢磨大师的用笔、章法，再从单字回看整幅作品的气韵，从而达到学习的效果。扎实的书法研习基本功，奠定了他后来在书法界的地位。与其他人不同，米芾的仕途比较顺利，没遭遇什么坎坷，或许这与他心思都在书画上，不怎么参与政治有关。宋徽宗钦定他为书画博士，让他能专心从事书法和绘画的创作。

米芾喜欢收藏奇石，算是藏石界的开山祖师。他在担任无为州监军时，见衙署内有一立石十分奇特，高兴得大叫起来："此足以当吾拜。"于是命左右为他换了官衣官帽，手握笏板跪倒便拜，并尊称此石为"石丈"。后来他又听说城外河岸边有一块奇丑的怪石，便命令衙役将它移进州府衙内，米芾见到此石后，大为惊奇，又跪拜在地，说："我欲见石兄二十年矣！"

米芾不仅喜欢石头，还非常喜欢砚台。一次，宋徽宗让米芾给屏风题字，并特许他使用自己御案上的砚台。米芾写完后，宋徽宗对他的书法大加赞赏。米芾看宋徽宗高兴，便趁机向宋徽宗说："这个砚台臣已经用过了，如果再让陛下您用就太不敬了，不如您就把它赐给我吧！"宋徽宗虽然十分不舍，却也不好反驳，只能将砚台赐给了米芾。米芾叩谢皇帝之后，抱着墨迹未干的砚台一路小跑，衣服上沾得到处都是墨也毫不在意。

"宋四家"中"苏黄米蔡"，蔡襄排名最后，虽然有人说蔡襄可能是顶替

知识拓展

勒字、描字、画字、刷字

宋徽宗问米芾，怎么评价当世几位书法名家。米芾回答：蔡襄勒字，黄庭坚描字，苏轼画字。说到自己，米芾则答：我是刷字。蔡襄勒字，大概是指他停蓄锋锐，沉着有力。黄庭坚描字，大概是说他用笔偏轻，飘逸；苏轼曾说黄庭坚的字"清劲，而笔势太瘦，几如树梢挂蛇"。苏轼画字，应是指他用笔偏重，墨浓，字扁而肥，黄庭坚戏称之为"石头压蛤蟆"。米芾刷字，是说他的特点是用笔快，有气势。

奸臣蔡京，但这种说法不妥当。宋遗民、元人王芝在《跋蔡襄洮河石砚铭》墨迹中写道："右为蔡君谟（蔡襄）所书《洮河石砚铭》，笔力疏纵，自为一体，当时位置为四家。窃尝评之，东坡（苏轼）浑灏流转，神色最壮，涪翁（黄庭坚）瘦硬通神，襄阳（米芾）纵横变化，然皆须从放笔为佳。"这段文字，明确说明"宋四家"中的"蔡"是指蔡襄。宋徽宗认为："蔡君谟书包藏法度，停蓄锋锐，宋之鲁公也。"宋高宗评价蔡襄的字为"本朝诸臣之冠"。连在书法上相当有造诣的宋徽宗、宋高宗都称赞蔡襄的书法，可见蔡襄书法精湛绝妙。

从四人的书法风格来看，蔡襄的字更加规矩端正。他擅长正楷、行书、草书。书法以雄厚见长，被人誉为"端劲高古，荣德兼备"。蔡襄力学唐各大家，并取法晋人，正楷端重沉着，行书温淳婉媚，草书参用飞白法，其书法作品在生前就备受推崇，其中最推崇他的就是苏轼和欧阳修。

蔡襄这个人应该有强迫症，他的胡须很漂亮，有一次，宋仁宗问蔡襄："你的胡须非常漂亮，晚上睡觉是把它盖在被子之下呢，还是把它放在外面呢？"蔡襄无法回答。晚上回到家睡觉时，蔡襄思索仁宗的话，辗转难眠，到底是把胡须放在被子里面还是被子外面呢，怎么放他都感觉不适。

蔡襄不仅在书法上极具造诣，还精通茶道，是中国古代著名的茶学家。蔡襄曾任福建转运使，福建盛产茶叶，当地出产的北苑茶是贡品。他曾专门改造北苑茶，将"大龙团"改制为"小龙团"，提高贡茶的质量，达到"名益新、品益出"的技术革新，使茶与茶艺术融为一体。蔡襄在福建期间对于茶叶种植和制作的管理开发，使福建茶叶在北宋时期就名列首位；如今，福建茶叶名扬海外，其中就有蔡襄的功劳。

张择端与赵孟頫

张择端，北宋末年著名的画家。对于张择端的身世，史书上没有任何记载，只知道他曾任职于翰林图画院，擅长画楼观、屋宇、林木、人物，后来丢了官，当了普通老百姓，以卖画为生。张择端之所以能被世人记住，是因为他有一幅不朽的作品流传于世，那就是著名的《清明上河图》。

《清明上河图》是中国十大传世名画之一，现藏于北京故宫博物院。整幅画作纵24.8厘米，横528厘米，场面宏大、长而不冗、结构严整、笔法细致，采用长卷形式，绢本设色。《清明上河图》采用现实主义创作手法，真实自然，细致描绘北宋都城东京百姓生活的繁华热闹景象，被誉为"中华第一神品"。这幅名画深受文人喜爱，千百年来有无数人临摹仿作，据统计，现存的藏本达30多个，甚至流传到海外。

《清明上河图》可分为三部分进行欣赏。第一部分是郊外景色，旅人行色匆匆，来来往往；第二部分描绘虹桥码头，作为交通要道的汴河，人口稠密，商船云集，好不热闹；第三部分是城内的繁华街景，歌楼酒肆，作坊医家，人物众多。除了各色人物，还描绘了牛、驴等牲畜，城楼、桥梁、房屋等带有宋朝特色的建筑，几乎囊括了宋人生活的方方面面，景物繁多却主次分明。张择端对每个人物的动作和神情，都刻画得非常生动，画中人物不足3厘米，甚至更小，但是仔细观察可以发现，每个人物形神兼具，各有特色，极富情趣。

赵孟頫，字子昂，号松雪道人，是宋末元初著名的书法家、画家、诗人，著有《松雪斋文集》。他家世显赫，是宋朝开国皇帝赵匡胤的十一世孙。赵孟頫自幼聪明好学，下笔成风，博学多才，他擅长各种绘画，如人物、山水、花鸟等，传世画作有《重江叠嶂图》《鹊华秋色》《秋郊饮马》等。赵孟頫在中国绘画史上有一定地位，明人王世贞曾夸赞他："文人画起自东坡，至松雪敞开大门。"赵孟頫在中国绘画史上的突出成就在于：他力主变革南宋院体格调，批评南宋绘画工艳琐细，主张返璞自然，"作画贵在有古意，如果没有古意，即使再精细也没用"，至此开辟元代新画风。赵孟頫还是一位书法家，传世书迹较多，有《洛神赋》《道德经》《胆巴碑》《玄妙观重修三门记》《临黄庭经》等。

赵孟頫的妻子管道升也是一位书画家，他们夫妻二人的感情很好。到了晚年，赵孟頫心生纳妾的想法，妻子作了一首《我侬词》："你侬我侬，忒煞情多；情多处，热如火；把一块泥，捻一个你，塑一个我，将咱两个一齐打破，用水调和；再捻一个你，再塑一个我。我泥中有你，你泥中有我；与你生同一个衾，死同一个椁（guǒ）。"赵孟頫看到了妻子掩盖在文字背后的无奈和悲哀，于是便打消了纳妾的念头。这首词被后世广为流传，常用来形容坚贞不二的爱情。

文艺皇帝宋徽宗

宋徽宗赵佶不是一个好皇帝，他昏庸无道、重用奸臣，原本就羸弱不堪的北宋，在他统治时期更是民不聊生，国内农民起义频发，北方金人虎视眈眈。宋徽宗实在不是一个当皇帝的料，他政治上短视，联合金人灭辽，引来亡国之祸，金兵在灭掉辽国后，率兵南下，直逼北宋首都开封。被金人吓破了胆的宋徽宗匆忙禅位，将烂摊子推给儿子宋钦宗。最终，开封被攻破，北宋灭亡，这就是靖康之难。宋徽宗也成为中国历史上为数不多的，当了敌国俘虏并最终客死他乡的皇帝。

如果论书法和绘画成就，宋徽宗在中国皇帝中是凤毛麟角。在书法上，宋徽宗自创"瘦金体"。该书体瘦硬有神，运笔灵动，看似纤细，实则个性突出，按照字形特色应该叫"瘦筋体"，因宋徽宗皇帝的身份，改"筋"为"金"，以示尊重。瘦金体需要极高的书法功力和涵养，后人习此书者甚多，

知识拓展

端王轻佻

宋哲宗死后，没有儿子可以接班，需要从几个弟弟中选一位来继承皇位。向太后准备立端王赵佶，宰相章惇当即反对："端王轻佻，不可以君天下。"他指责赵佶文艺范太重，不是当皇帝的料。但向太后仍然立了赵佶做皇帝。宋徽宗做皇帝不行，搞文艺一流，当时就有传说他是南唐后主李煜转世：徽宗出生时，父亲宋神宗梦到李后主来拜见，所以徽宗"文采风流，过李主百倍"。

知识拓展

饿死蔡京

蔡京是宋徽宗时期的宰相,北宋之亡,他有很大的责任。蔡京生活上极尽奢侈。据说有人在东京买了一个厨娘,厨娘自称曾是蔡京府上包子厨房的人。有一天主人让她做包子,她推辞不会,说自己只是在包子厨房切葱丝的。主人因此感叹,听说过蔡京奢侈,没想到这么奢侈,仅是负责做包子的就有人专门切葱丝,有人专门切姜丝……蔡京最后被流放儋州,百姓对他深恶痛绝,一路上都不肯卖东西给他,蔡京因此被饿死在路上。

但得其精髓者很少。宋徽宗流传下来的瘦金体作品比较有名的有《楷书千字文》和《秾芳诗》,二者皆属中国书法史上的瑰宝。

在绘画艺术上,宋徽宗是杰出的画家。他的画风工整富丽,用笔精炼,如《瑞鹤图》《芙蓉锦鸡图》《听琴图》等。作为皇帝,他对书画的喜爱也影响着宋代的书画艺术发展。著名的《清明上河图》完成后被敬献给皇帝,宋徽宗亲笔题写"清明上河图",并钤上了双龙小印,是该幅画作的第一位收藏者。

宋徽宗绘画水平极高,花鸟画派中的"院体"就是源自他。至今,北京故宫博物院仍珍藏着相传由他创作的工笔花鸟画《芙蓉锦鸡图》,这幅画绘有芙蓉、锦鸡、蝴蝶、菊花,画中一枝盛开的芙蓉从左侧伸出,花枝上栖一只锦鸡,右上角有两只彩蝶追逐嬉戏,左下角一丛秋菊迎风而舞。整幅画层次分明,疏密相间,充满秋色中盎然的生机,表现出平和愉悦的情境。

宋徽宗的结局很悲惨。1135年,做了金人9年俘虏的"囚徒天子",最终客死于金五国城。据说他死在冰冷的炕上,尸体被人发现时,已经僵硬。或许,正如元朝宰相脱脱在编撰完《宋史·徽宗纪》后掷笔而叹,留下的那句话是对他的客观评价:"宋徽宗诸事皆能,独不能为君耳!"

05
宋元时期的创造发明与中外交通

指南针
广泛应用于航海，经由阿拉伯人传入欧洲

火药
用于军事，传入欧洲后改变了世界历史格局

宋元科技、手工业成果

（活字）印刷术
比欧洲早400年

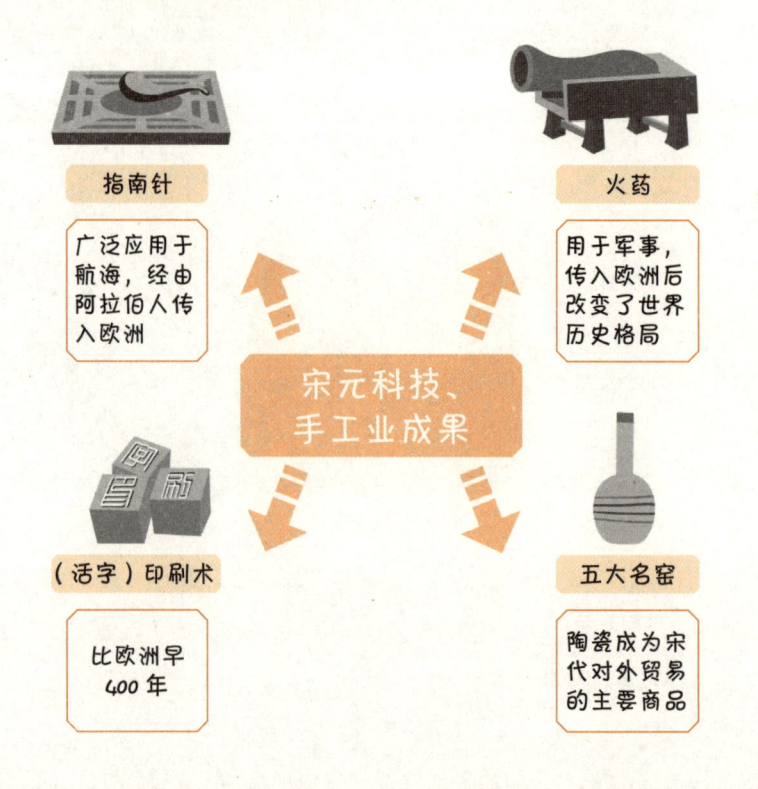

五大名窑
陶瓷成为宋代对外贸易的主要商品

> 宋元时期，科学技术取得了突出的成就。我国古代四大发明中，除了造纸术由东汉蔡伦完成了改进，其他三大发明——火药、指南针以及（活字）印刷术，都在宋元时期发展完善。宋朝还是中国瓷器发展史上的辉煌时期，江西景德镇因为制瓷业而兴起，后来发展成为著名的瓷都。除了古代的陆上丝绸之路持续繁荣，由于航海技术的进步，宋元时期，海上丝绸之路贸易进入鼎盛期。

指南针

鲁迅在评价中国古代四大发明中的火药和指南针时，曾说过这样一段话："中国虽发明火药，却只会用来放烟花炮竹；发明罗盘，也是用来看风水。"这段话有一定的道理，但也不够全面。在宋元时期，中国人对火药和指南针的应用，并不只是"放烟花"和"看风水"，还用来造武器、搞航海。

指南针的发展主要有三种形态，司南、罗盘和磁针，这些都是中国发明的。

传说，早在5000年前的那场著名的黄帝战蚩尤的涿鹿（今河北张家口）之战中，黄帝使用一种名叫"指南车"的东西指引士兵冲出迷雾。据说这种指南车上有一个木制小人像，人像一只手臂抬起指向南方，无论车身如何运动转向，人像的手臂始终指向南方。黄帝的军队利用指南车辨别方向，击败蚩尤的部队，获得了胜利。神话传说固然不可信，但这里有两个重要的信息：中国人在很早的时候就发明了指南针，指南针最初被应用于军事。

到了汉代，复杂性和可靠性更强的司南被发明了出来。从后世还原的汉代司南模型来看，司南就是一把天然磁体磨制而成的小勺，安放在底盘上，小勺静止时，勺柄指向南方。进入宋元，指南针的技术更加成熟了。根据沈括《梦溪笔谈》的记载："以磁石磨针锋，则能指南。"宋人用磁石磨针锋，说明他们可以不使用天然磁铁，掌握了人工磁化的方法。其实，对指南针有着迫切需求的并不是军事，而是航海，中国也是最早把指南针应用于航海的国家。南宋的时候，人们开始把磁针与分方位的装置组装成一个整体，这就是罗盘。元朝的时候，甚至还造出了立针式的指南工具——指南龟和指南鱼，在木刻的龟、鱼腹部安装磁体，下面立针支撑，用于航海。

知识拓展

繁华的开封市井生活

北宋都城东京开封是当时世界上最繁华的大都市之一。《东京梦华录》一书详细地记录了北宋灭亡之前20多年开封城的风俗人情，是了解北宋都市社会生活、经济文化的一部重要历史文献。作者孟元老在自序中写道："时节相次，各有观赏：灯宵月夕，雪际花时，乞巧登高，教池游苑。举目则青楼画阁，绣户珠帘。雕车竞驻于天街，宝马争驰于御路，金翠耀目，罗绮飘香。新声巧笑于柳陌花衢，按管调弦于茶坊酒肆。八荒争辏，万国咸通，集四海之珍奇，皆归市易，会寰区之异味，悉在庖厨。花光满路，何限春游，箫鼓喧空，几家夜宴……"

正是在宋元时期，随着东西方经济文化的交流，罗盘被来中国经商的阿拉伯人带到了欧洲，广泛应用于航海领域。毫不夸张地说，指南针传入欧洲，为欧洲造船业和航海事业的迅速发展提供了动力和保障。

火药

中国古代的道家追求长生不老，其中有一派主张通过炼丹，来炼制出长生不老药。不过长生不老药没研究出来，"有心栽花花不开，无心插柳柳成荫"，经过道士们的"瞎折腾"，火药在不经意间被鼓捣出来了。

唐朝末年，火药开始用于军事。904年，唐将杨行密率军围攻豫章，在攻城战中使用了一种叫"飞火"的武器，这种飞火就是火炮或火箭的雏形。进入宋代后，随着战争形势的升级，尤其是为了对付北方少数民族强大的骑兵，北宋专门设立了火药作坊，先后制造出火药箭、火炮等以燃烧性能为主的武器，当时被称为霹雳炮、震天雷。

到了南宋，更是造出了以巨竹为筒，内装火药的"突火枪"，这应该就是现代步枪的雏形。元代，又发明了铜铸火铳"铜将军"，火药武器的性能得到了质的飞跃。

有意思的是，中国人发明火药，最初并不是用来造武器，也不是鲁迅说的制造烟花爆竹，而是用来变魔术。在宋代时，有一种杂技表演，称为药发傀儡，就是用火药来变魔术。运用刚刚兴起的火药制品"炮仗"和"吐火"等，来制造神秘气氛，甚至还有人用火药来表演幻术，如喷出烟火云雾以遁人、变物等。

正是在宋元时期，火药和指南针传入欧洲，世界历史的格局从此改变。马克思曾说过这样一段话："火药、指南针、印刷术——这是预告资产阶级社会到来的三大发明。火药把骑士阶层炸得粉碎，指南针打开了世界市场并建立了殖民地，而印刷术则变成新教的工具，总的来说变成科学复兴的手段，变成对精神发展创造必要前提的最强大的杠杆。"

知识拓展

上帝折鞭处

西方学者认为，火药传入欧洲改变了世界历史。其实，在此之前，火药的使用就已经改变了世界历史。1259 年，蒙古大汗蒙哥率领数十万军队，围攻南宋潼川府路合州钓鱼城，守城的南宋士兵发射火炮，竟意外击杀了蒙哥。蒙哥的死，引起了连锁反应：蒙哥的弟弟旭烈兀，率军攻破了西亚的大马士革，正准备继续向西，进军欧洲，闻讯后立即掉转马头，回国抢夺大汗之位。就这样，欧洲侥幸躲过了蒙古铁骑的入侵。欧洲很多学者将钓鱼城称为"上帝折鞭处"。

知识拓展

毕昇与活字印刷术

早在唐朝的时候,中国人就发明了雕版印刷术。雕版印刷术的关键是版料,版料一般选用纹路细密且质地坚实的木材,如枣木和梨木等,将这些原材料锯成一块块的木板,把要印的文字先写在薄纸上,然后反贴在木板上,再根据每个字的笔画,用刻刀雕刻成阳文,使得每个字的笔画都凸显在木板上,然后再抹上油墨,就可以印书了。但雕版印刷术有一个致命的缺点,那就是一块雕版只能印刷固定的内容,厚厚的一本书,所需的雕版往往堆满一屋子,很不方便。直到宋朝,毕昇发明了活字印刷术。

毕昇并不是什么官员或文人,他只是一个在杭州的书肆里从事雕版印刷的工匠。北宋的文化氛围很浓,有着大量的读书人和知识分子,他们对书籍的需求催生了大量的书肆。这些书肆在卖书的同时也自己印制书。

人们对书籍的大量需求,使得印

灾梨祸枣

在活字印刷术发明之前,人们使用雕版印刷。雕版印刷需要用版料将书的内容一版一版地刻好,时人常用梨木或枣木做版料。因此就有了"灾梨祸枣"这个成语,意思是印刷一些没用的书、质量不好的书,浪费版料,对梨木、枣木来说,便是灾祸。

刷术的改进迫在眉睫。经过反复的摸索和试验，毕昇最终发明了活字印刷术，推动了中国古代印刷术的飞跃。

毕昇所发明的活字印刷术，方法简单灵活，操作方便可靠。他先用胶泥做出一批规格统一的毛坯，在毛坯的一端刻上字，然后用火烧硬，这样胶泥活字就做成了。胶泥活字做成后，按韵分门别类放在木格里并贴上纸条注明，方便拣字。在图书排版阶段，先用一块带框的铁板作底托，在铁板上涂上一层松脂、蜡、纸灰混合物，找到对应的胶泥活字排进框内，在排满一版后用火烤，松脂、蜡熔化后就形成了版型。在印刷时，直接在版型上刷墨，铺上纸，轻轻一压就能印出字来。用完后，再用火加热，使松脂等熔化，胶泥活字可以取下来，留作以后继续使用。

在实际操作过程中，根据中国汉字的特点和图书需要，文字有常用字和冷僻字之分，所以在制作的时候，使用频率高的常用字都备有几个甚至几十个，以备同一版内重复的时候使用。而那些不常用的冷僻字，就不必准备那么多了，即便是事前没有准备好，也可以随制随用。为了可以连续印刷，实际印制时可以准备两块铁板，一版印刷，另一版排字，两版交替使用，既方便又快捷。

在毕昇发明泥活字的基础上，后世又陆续发明了锡活字、木活字、铜活字和铅活字，虽然材质在变化，但毕昇的活字印刷原理一直延续使用到了今天。毕昇的泥活字比德国人发明的铅活字早400多年。活字印刷术是世界印刷技术史上的重要发明，是中国对世界文明做出的伟大贡献。

沈括和《梦溪笔谈》

沈括，字存中，号梦溪丈人，浙江杭州人。他出身于官宦世家，很小的时候就跟着父亲宦游各地，增长了很多见识。沈括32岁时科举中进士，步入官场。不久之后，他卷入了北宋历史的重大事件——王安石变法，沈括深受王安石的器重，担任过很多中央要职，曾一度官居三司使。不过他的仕途也随着王安石变法的失败走向了衰落，先是被贬为地方官，之后还曾一度在西北边疆抵御西夏。

论做官，沈括在北宋这种政坛巨星起起落落的时代里，并不显眼，真正让他载入史册的是沈括的科学成就。他一生致力于科学研究，在很多科学领域都有着很深的造诣和卓越的成就，他创立了隙积术、会圆术，发现了磁偏角，还用石油制墨，他的代表作《梦溪笔谈》内容丰富，集科学成就之大成，被称为"中国科学史上的里程碑"，同时沈括也被誉为"中国整部科学史中最卓越的人物"。

沈括能成为科学家，有两个与人不同的地方，一是喜欢问为什么，二是喜欢一探究竟，这与中国古代大多数文人喜欢空谈截然不同。有一次，沈括读到白居易的《大林寺桃花》，"人间四月芳菲尽，山寺桃花始盛开"，十分疑惑，为什么山寺里的桃花晚开？为此，他一探究竟。到了四月时，沈括爬上高山，来到山中的寺庙，看到了盛开的桃花。沈括恍然大悟，原来山上的桃花之所以晚开，是因为山上的温度比山下低，所以花季来得晚。

沈括在读唐人《酉阳杂俎》时，读到"高奴县有洧水，可燃"，他很好奇"水"怎么可能燃烧呢？后来他到陕北为官，决定实地考察一番，考察中他发现了一种褐色液体，还了解到当地人用这种液体烧水做饭，点灯取暖。他给这种褐色液体取名为"石油"，同时利用它燃烧时的烟制成松烟墨。他在《梦溪笔谈》中记述道："生于水际，沙石与泉水相杂，惘惘而出，土人以雉尾挹（yì）之，乃采入缶中，颇似淳漆，燃之如麻，但烟甚浓，所沾帷幕皆黑。予疑其烟可用，试扫其煤以为墨，黑光如漆，松墨不及也，遂大为之。其识文为'延川石液'者是也。此物后必大行于世，自予始为之。盖石油至多，生于地中无穷，不若松木有时而竭。"后来石油果真成为人类生产生活中重要的资源。

《梦溪笔谈》是沈括撰写的科学巨作，是一本涉及自然科学、工艺技术和社会历史现象的综合性笔记体著作。全书一共分30卷，其中《笔谈》26卷，《补笔谈》3卷，《续笔谈》1卷。全书有17目，凡609条。内容涉及天文、数学、物理、化学、生物等各个门类学科，其价值非凡。书中详细记载了中国古代劳动人民在科学技术方面的卓越贡献和沈括自己的研究成果，反映了中国古代特别是北宋时期自然科学取得的辉煌成就。

沈括博闻多学，对天文、地理、律历、音乐、医药等方面都有研究，再加上他为官多地，行走四方，对当时的科学发展和生产技术的情况非常了解。《梦溪笔谈》内容十分全面，如水工高超、木工喻皓、发明活字印刷术的毕昇、炼钢炼铜的方法等，凡有所及，无不详为记载，因此，被西方学者称为"中国古代的百科全书"。英国科学史家李约瑟评价《梦溪笔谈》为"中国科学史上的坐标"。

知识拓展

沈括与苏轼

沈括要去浙江做官，宋神宗特意嘱咐他："苏轼现在在杭州做通判，你去了后要多关照他。"沈括到了杭州后，与苏轼相见甚欢，苏轼还拿出了自己新写的诗词给沈括抄录。后来有人弹劾苏轼攻击朝廷新法，神宗大怒，下令严查。这时沈括不念旧情，反而落井下石，拿出抄录的苏轼作品，把他认为是诽谤新法的诗句，一一用朱笔加注，尤其是一句"根到九泉无曲处，世间唯有蛰龙知"，沈括硬生生地说这是在影射皇帝。苏轼因此下狱，差点被处斩，这就是著名的"乌台诗案"。

知识拓展

黄道婆"衣被天下"

黄道婆生活在宋末元初，松江（今属上海）人，对中国纺织业的发展有着杰出贡献。当时棉纺织业兴起，黄道婆在海南崖州，向当地人学习先进的棉纺织技术，总结出"错纱、配色、综线、挈花"的织造技术，制造和改进纺织专用机器，对促进长江流域棉纺织业和棉花种植业的迅速发展起了重要作用，被后人誉为"衣被天下"。

元代科学家郭守敬

郭守敬，出生于1231年，字若思，河北邢台人，是元代著名的天文学家、数学家、水利学家，著有《推步》《立成》《仪象法式》等。

1276年，郭守敬奉命修订新的历法，历时4年，制定出《授时历》。在这部历法著作中，郭守敬定一回归年为365.2425天，比地球绕太阳公转一周的实际时间仅差25.92秒，这一精度与目前国际通用的公历（指1582年《格列高利历》）相当，但比西方早了300多年。在《授时历》中，郭守敬推断，大德三年（1299年）八月己酉朔巳时，应有日食，"日食二分有奇"。但到了那一天，却没有看到日食。后来根据现代天文学推算，那天确实有日食发生，是一次路线经过西伯利亚极东部的日环食。

郭守敬是个发明家，他从小就爱钻研。16岁时他根据书上的插图记载，自己动手制出一架浑仪，还用土给这个竹制的浑仪做了个底座，方便天文观测。他还研制出了在当时很先进的计时仪器，而该发明的灵感来自他看到的北宋燕肃一幅拓印的石刻莲花漏图，他仅凭一张图就探查出了背后的工作原理，从而进行仿制改进。在创作《授时历》的过程中，为了保证该书的科学性，他发明了很多在天文台上使用的仪器，做了很多科学观测，《授时历》是当时世界上最先进的一种历法。

郭守敬的数学成就也很高，他发明了弧矢割圆术，将各种球面上的弧段投射到某个平面上，利用传统的勾股公式，求解这些投影线段之间的关系。这与现在的球面三角学公式在本质上是一致的。

郭守敬还是一位水利学家。他曾任都水监事一职，勘查监管从大都到通州（今北京通州区一带）的运河的修建工程。当时统治者忽必烈十分重视大运河的修建，特批给了郭守敬很大的权力。在郭守敬的领导下开辟大都的白浮堰，开凿从通州到大都积水潭（今北京什刹海）这段河道。1291年开始动工，1293年通惠河开凿完成，忽必烈大悦，赐名"通惠河"，命他仍以太史令职兼提调通惠河漕运事。

鉴于郭守敬在天文方面取得的杰出成就，1970年，国际天文学会将月球背面的一座环形山命名为"郭守敬环形山"。1977年，国际小行星中心将小行星2012命名为"郭守敬小行星"。中国科学院国家天文台也将国家重大科技基础设施LAMOST望远镜命名为"郭守敬天文望远镜"。

宋代五大名窑

宋朝是中国瓷器发展史上的辉煌时期，汝窑、官窑、哥窑、钧窑、定窑被称为宋瓷五大名窑。在北宋时期，江西的景德镇因为制瓷业而兴起，后来发展成为著名的瓷都。

汝窑因窑址位于宋朝时河南汝州而得名，居宋代五大名窑之首，在中国陶瓷史上素有"汝窑为魁"之称。汝窑以烧制青瓷闻名，釉色以天青色为主，釉面多有细碎冰裂纹，一般以瓶、尊、碗、盘、水仙盆等日用品居多，造型秀美，釉面滋润柔和，素净高雅。明代的曹昭在《格古要论》里这样记载："汝窑器，出北地，宋时烧者。淡青色，有蟹爪纹者真，无纹者尤好，土脉滋媚，薄甚亦难得。"汝窑瓷器主要作为宫廷御用，传世品稀少。

官窑青瓷的形制与工艺和汝窑瓷器有共同之处，也多为皇家御用之物。南宋时的官窑器，釉色有粉青、浅灰、月白、米黄等，除了碗、盘、碟等日用器皿，还有仿商周青铜器的尊、鼎、炉等形体较大的器物。清代的官窑瓷器还新创了金彩、墨彩、珐琅彩等题写工艺。

关于哥窑的最早文献记载可追溯到明代，明代陆深的《春风堂随笔》记载："哥窑，浅白断纹，号百圾碎。宋时有章生一、生二兄弟，皆处州人，主龙泉之琉田窑，生二所陶青器纯粹如美玉，为世所贵，即官窑之类。生一所陶者色淡，故名哥窑。"哥哥管的窑口被称为"哥窑"，哥窑的釉色多为粉青或灰青，胎色较黑，足底是铁色，浓淡不同，被形象地描述为紫口铁足。

钧窑，即钧台窑，宋代钧瓷多是器皿造型，如花盆、花托、瓶、洗、杯等，其中以养花用的花盆类居多，还有祭祖使用的瓶、鼎、炉等，钧窑在形态和工艺上不仅追求美感，还追求"雅"的个性品位。其实钧窑的兴起和唐代鲁山花瓷密切相关，唐代出现花釉瓷，是在黑釉、黄釉、天蓝釉上装点天蓝或月白色斑点。斑点既可排列规整，又可随意点画。到了北宋，钧瓷铜红釉烧制成功，钧瓷变得绚丽多彩，艳美绝伦。

定窑的主要产地在今河北保定，因该地区唐宋时期属定州管辖，故名定窑。定窑釉色莹润，有些积釉形状好似泪痕，被称为"蜡泪痕"。定窑因为盛产白瓷而著称，也烧制红、黑、酱等其他品种。元朝刘祁的《归潜志》记载，"定州花瓷瓯，颜色天下白"。定窑起初是民窑，产量大，品种也多，除了碗、盘、碟等，还有净瓶和海螺等佛前供器，北宋中后期才开始烧制宫廷用瓷。

陆 上丝绸之路和海上丝绸之路

　　陆上丝绸之路起源于西汉，当时汉武帝派遣张骞出使西域，以首都长安为起点，经过甘肃、新疆等地，到达中亚、西亚。东汉时，班超也奉命出使西域，并被任命为西域都护，在西域待了30年。海上丝绸之路主要是以南海为中心，是古代中国与外国进行贸易和文化交流的海上通道，这是一条古老的线路，在秦汉时就已经形成了。在古代中国，陆上丝绸之路与海上丝绸之路的发展是个此消彼长的过程。

　　据史料记载，在北宋以前，陆上丝绸之路上有欧洲、西亚、中亚地区的商人以及中国的色目人从事商队贩运贸易，外国人用金银、珠宝、香料等来换取中国的丝绸、茶叶、瓷器等。而到了北宋时期，由于疆域面积的缩小，经济重心南移，统治者不能控制河西走廊，以至于陆上丝绸之路日渐衰落。此时海上丝绸之路崛起，宋朝的造船技术和航海技术日益发达，再加上指南针在航行中的使用，使得海上贸易越来越繁荣，特别是沿海地区，广州在北宋时成为海外贸易第一大港；到了南宋时期，泉州取代广州成为第一大港。

　　为了规范和管理海上贸易，宋神宗时期曾专门制定了中国历史上第一部规范进出口贸易的法规——《元丰市舶条例》，这标志着中国古代外贸管理制度的飞跃。私人海上贸易在政府鼓励下得到极大发展，进出口与货币流动成为当时的新问题，为防止钱币外流，南宋政府于嘉定十二年（1219年），下令以丝绸、瓷器交换外国的舶来品。这样，中国丝绸和瓷器向外传播的数量日益增多，范围更加扩大，而白银的流出则减少了，基本处于上百倍的贸易顺差水平。

　　当时，中国的瓷器经过海上丝绸之路远销世界各地，沿线国家也开始以陶瓷（China）代称中国。关于瓷器贸易，根据宋人朱彧（yù）在《萍洲可谈》中记载："舶船深阔各数十丈，商人分占贮货，人得数尺许，下以贮物，夜卧其上。货多陶器，大小相套，无少隙地。"这句话的意思是，船中主要是瓷器，多到几乎堆满船舱，人晚上只能挤在货物上睡觉。宋瓷尽管出口量大得惊人，却还是远远不能满足需求，中国瓷器一运到国外立即身价倍增，价比黄金，成为外国人的珍藏品和身份的象征。

宋代的海路形成了多条航线，可以通往日本、高丽、印度、阿拉伯、东南亚等国家和地区，甚至远至波斯湾和东非海岸。元代时，海上交通范围更大，海上丝绸之路进入了鼎盛时期。中国与阿拉伯、波斯以及东非之间，有大量的商船往来。据统计，在宋朝时与中国有贸易关系的国家和地区有五六十个，到了元代多达140多个。

《马可·波罗行纪》

《马可·波罗行纪》是公元13世纪意大利旅行家马可·波罗所著，该著作记述了他经地中海、欧亚大陆至中国游历的所见所闻。其中重点部分都是对中国的叙述，他在中国待了17年，游历过中国的西北、华北、西南和华东等地。他对中国的总体感受就是富足，他看到当时中国的商业城市，便捷的交通设施，还有王公贵族的华贵宫殿，认为中国拥有无穷无尽的财富。书中大量的篇章表达了马可·波罗对中国的喜爱和赞美。

《马可·波罗行纪》共分为四卷，第一卷记录了马可·波罗一行人在东游途中的所见所闻；第二卷记载了中国元朝初年的政事及游猎等内容，一并描写了南行到杭州、福州等沿海地区的趣事；第三卷涉及日本、越南、东印度等中国邻近的国家和地区的历史人文；第四卷记录成吉思汗后裔诸鞑靼宗王战争和他在亚洲北部的游历故事。书中记述的国家和城市地名达100多个，各地民族风情、宗教信仰和琐事逸闻等都有所涉及。

《马可·波罗行纪》在中世纪时期的欧洲被认为是神话，它打破了宗教和传统的"天圆地方"说法，将中国历史文化风貌传播到了欧洲等地，使得世界联系越来越密切。同时马可·波罗的游历也对后来15世纪欧洲的航海事业起到了引领作用，为哥伦布的航海计划提供了地理知识。《马可·波罗行纪》第一次较为全面地向欧洲人介绍了东方中国的物质与精神文明，激起了欧洲人对东方尤其是中国的向往，而且在世界史、中西交通史等方面都有重要的历史价值。这本游记对后来欧洲航海家和探险家的影响很大，促进了欧洲航海事业的发展，对以后新航路的开辟产生了巨大影响。

单元总结

重要人物

1 司马光 老实相公

司马光是中国古代儒家君子"温良恭俭让"的典范。清代思想家陈宏谋称赞司马光"一生以至诚为主，以不欺为本"。司马光勤奋治学，"日力不足，继之以夜"。他的史学巨著《资治通鉴》，是了解中国历史的必读书。

2 欧阳修 文坛领袖

唐宋八大家中，6人在宋朝，即欧阳修、苏洵、苏轼、苏辙、王安石、曾巩，6人中以欧阳修和苏轼成就最高。欧阳修领导了北宋诗文革新运动，开创一代文风，堪称当时文坛领袖。

3 柳永 奉旨填词

宋词婉约派代表，数次科考被皇帝所阻，不得做官，只得混迹于歌楼酒馆，自称"奉旨填词"。柳永是第一位对宋词进行全面革新的人，也是两宋词坛上影响最大的词人之一，对宋词的发展有着深远影响。

4 黄庭坚 开派祖师

北宋文学家、书法家。文学上，与秦观等被称为"苏门四学士"，其诗风独特，人称"山谷体"，与苏轼并称"苏黄"，也是当时江西诗派的开派祖师。书法上，与苏轼、米芾、蔡襄并称"四大家"。

5 周邦彦 词家之冠

宋词婉约派集大成者，其作品长期被尊为婉约词之正宗，开创格律词派，对南宋词坛影响很大，被认为是总结北宋词坛、开启南宋词风的人物。

6 李清照 第一才女

宋词婉约派代表，当之无愧的千古第一才女。她生活于两宋变革之际，前期多写悠闲生活，格调清新；后期多悲叹身世，情绪感伤。因有"人比黄花瘦""新来瘦，非干病酒，不是悲秋""应是绿肥红瘦"等句，人称"李三瘦"。

7 陆游 宋诗第一

陆游诗词皆有很高成就，尤以诗歌成就最高，后世多认为陆游胜过苏轼，应为宋诗第一人。陆游生于靖康之变前夕，长于南宋抗金时期，今存诗近万首，诗中具有浓厚的爱国主义情怀。

8 辛弃疾 词中之龙

宋词豪放派代表,与苏轼并称"苏辛",人称"词中之龙"。辛弃疾生活于两宋变革之际,有勇有谋,一心想要带兵收复被金国占去的北方故土,然而壮志难酬,抱憾而终。

重要人物

9 张择端 院体巅峰

北宋绘画名家,生平事迹不详。曾供职于翰林图画院,院中画师作品都被称为"院体画",但张择端的代表作《清明上河图》,已经突破了院体画的题材范畴,成为我国绘画史上的稀世奇珍。

10 赵孟頫 元人冠冕

宋末元初书画家,宋朝皇室后人。擅长书画,书法上创造"赵体",与欧阳询、颜真卿、柳公权并称为"楷书四大家";绘画上,山水、人物、花鸟,无不擅长,开创元代新画风,被称为"元人冠冕"。

11 毕昇 伟大工匠

北宋发明家,活字印刷术的发明者。活字印刷术是印刷术发展史上的一个根本性的变革,对中国和世界各国的文化发展都具有极大意义,被西方学者称为"文明之母"。

12 沈括 科学巨人

北宋科学家。在重人文轻科学的时代,沈括的出现是一个异数。他本是文人,却致力于科学研究,在众多学科领域都有很深的造诣,取得了卓越的成就,被誉为"中国整部科学史中最卓越的人物"。《梦溪笔谈》被称为"中国科学史上的里程碑"。

13 郭守敬 元代科学家

郭守敬是13世纪末14世纪初世界上最伟大的科学家之一。他一生致力于科学研究工作,在天文、历法、水利和数学等方面都取得了卓越的成就。郭守敬设计和监制的新天文仪器有浑天象、玲珑仪、日月食仪及星晷定时仪等,大大提高了观测精度,对我国天文研究有很大帮助。

图书在版编目（CIP）数据

跟着课本学历史. 宋元兴衰 / 彭勇著. —成都：天地出版社，2024.3
ISBN 978-7-5455-7750-1

Ⅰ.①跟… Ⅱ.彭… Ⅲ.①中国历史–青少年读物 Ⅳ.①K209

中国版本图书馆CIP数据核字（2023）第086340号

GENZHE KEBEN XUE LISHI: SONGYUAN XINGSHUAI
跟着课本学历史：宋元兴衰

出 品 人	杨 政
作 者	彭 勇
责任编辑	杨永龙 李晓波
责任校对	张月静
封面设计	三川大伟
责任印制	王学锋

出版发行 天地出版社
（成都市锦江区三色路238号 邮政编码：610023）
（北京市方庄芳群园3区3号 邮政编码：100078）
网　　址　http://www.tiandiph.com
电子邮箱　tianditg@163.com
经　　销　新华文轩出版传媒股份有限公司

印 刷	北京文昌阁彩色印刷有限责任公司
版 次	2024年3月第1版
印 次	2024年3月第1次印刷
开 本	710mm×1000mm 1/16
印 张	11.75
字 数	168千字
定 价	39.80元
书 号	ISBN 978-7-5455-7750-1

版权所有◆违者必究

咨询电话：（028）86361282（总编室）
购书热线：（010）67693207（营销中心）

如有印装错误，请与本社联系调换。